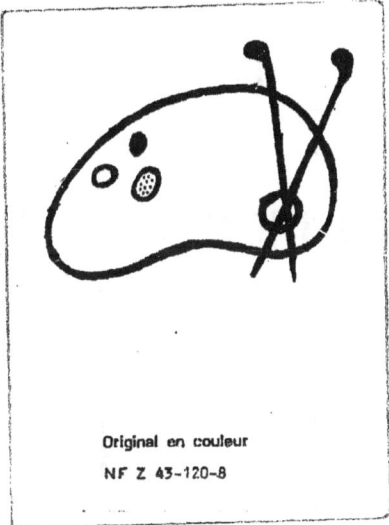

Original en couleur

NF Z 43-120-8

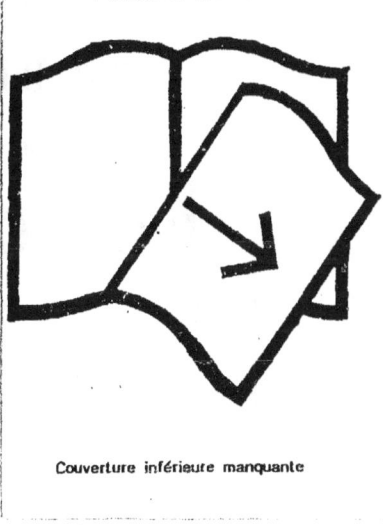

Couverture inférieure manquante

HISTOIRE SOMMAIRE

DE LA VILLE

DE POITIERS

PAR

BÉLISAIRE LEDAIN

OFFICIER DE L'INSTRUCTION PUBLIQUE

LAURÉAT DE L'INSTITUT

Vice-Président de la Société des Antiquaires de l'Ouest

RÉIMPRESSION

De cette Notice publiée dans les *Paysages et Monuments du Poitou*

PAR

AUGUSTE BAUD, IMPRIMEUR-LIBRAIRE

FONTENAY, GRANDE-RUE, 25-27

—

1889

HISTOIRE SOMMAIRE

DE LA VILLE

DE POITIERS

PAR

BÉLISAIRE LEDAIN

OFFICIER DE L'INSTRUCTION PUBLIQUE
LAURÉAT DE L'INSTITUT
Vice-Président de la Société des Antiquaires de l'Ouest

RÉIMPRESSION

De cette Notice publiée dans les *Paysages et Monuments du Poitou*

PAR

AUGUSTE BAUD, IMPRIMEUR-LIBRAIRE

FONTENAY, GRANDE-RUE, 25-27

—

1889

Cet ouvrage a été tiré à cent exemplaires, dont quatre-vingts sont mis dans le commerce.

S'adresser à M. Jules Robuchon, photographe, éditeur des *Paysages et Monuments du Poitou*, à Fontenay-le-Comte (Vendée).

HISTOIRE SOMMAIRE

DE LA VILLE

DE POITIERS

CHAPITRE I

ÉPOQUE GALLO-ROMAINE

Du temps de l'indépendance gauloise, avant la conquête romaine, le principal oppidum, le chef-lieu du peuple Picton, était connu sous le nom de Limonum. Sa situation, quoiqu'on en ait dit, n'était autre que celle de la ville actuelle de Poitiers. Le promontoire escarpé qu'elle occupe entre les deux rivières du Clain et de la Boivre la rendait éminemment propre à devenir une place forte, un oppidum semblable à tous ceux que les gaulois savaient si bien choisir. Il n'est pas possible d'en rechercher les origines

celtiques, puisqu'on ne possède aucuns documents anté-
rieurs à l'arrivée de César. Pendant la lutte dramatique de
Vercingétorix contre le conquérant romain, le peuple
Picton, entraîné dans la ligue nationale par ce grand
homme, avait fourni un contingent de huit mille hommes à
l'armée Gauloise envoyée au secours d'Alésia, en l'an 52 (1).
Mais après la chute de cette place et du grand patriote qui
la défendait, le pouvoir retomba à Limonum entre les
mains de Duratius, chef du parti romain et aristocratique.
Duratius l'exerçait sans doute dès l'époque de la guerre
de César contre les Vénètes, en l'an 56, pendant laquelle
les Pictons avaient donné aux Romains le secours de leur
marine. Mais le grand mouvement national de l'an 52
ne put affaiblir sa fidélité à César, et il ne tarda pas à lui
rendre un signalé service lors d'une nouvelle lutte qui fut
la dernière.

En effet, dès l'année 51, le parti de l'indépendance et de
la guerre à outrance que n'avait pas découragé le récent
désastre de la patrie gauloise, se souleva en Poitou contre
Duratius, l'allié de Rome, et appela à son secours Dumnacus,
chef des *andes* ou *andecavi* (angevins), ennemi acharné
des conquérants étrangers. Dumnacus accourut avec une
armée considérable, et, de concert avec les patriotes
Poitevins, vint mettre le siège devant Limonum où Duratius
s'était enfermé. Celui-ci, vivement pressé, informa
C. Caninius Rébilus, lieutenant de César, de la position
critique où il se trouvait Caninius Rébilus, envoyé peu de
temps auparavant dans le pays des Rutènes, avait été,

(1) César, liv. VII, 4.

paraît-il, arrêté en route par des soulèvements et dirigeait alors des opérations militaires avec deux légions, la 1ʳᵉ et la 10ᵉ, non loin des frontières du Poitou. Il marcha aussitôt vers Limonum. Informé en route par des prisonniers de la puissance de l'armée de Dumnacus qui serrait étroitement cette place, le général romain ne se crut pas assez fort pour l'attaquer. Il campa ses légions, à une certaine distance, dans une bonne position, appelée Bonneuil, sur la rive gauche de la Vienne, où ont été découvertes des monnaies gauloises et consulaires et notamment des monnaies de *Duratius* que l'armée romaine venait dégager. Dumnacus, à cette nouvelle, abandonnant avec une partie de ses forces le siège de Limonum, vint audacieusement attaquer le camp romain. Mais ses efforts n'ayant abouti qu'à lui faire perdre beaucoup de soldats et un temps précieux, il retourna *devant Limonum*. Pendant ce temps-là, Caninius Rébilus avait demandé des secours à un autre lieutenant de César, C. Fabius, déjà envoyé de son côté par le proconsul avec vingt-cinq cohortes. Lorsque Dumnacus apprit la marche de Fabius qui arrivait par le nord du Poitou, il craignit d'être pris entre deux armées, et, levant le siège de Limonum, il battit en retraite vers la Loire, du côté de l'Anjou. Fabius, instruit de la direction qu'il avait prise, l'attendit au passage de la Loire, c'est-à-dire au pont de Saumur, d'après les meilleures interprétations, et lui infligea un premier échec. Le lendemain il l'écrasa complètement après une lutte opiniâtre. Fabius qui, d'après Orose, avait opéré sa jonction avec Caninius, du moins pour la seconde bataille, poursuivit ses succès de l'autre côté de la Loire jusque chez les Carnutes. Caninius Rébilus demeura peu de temps en Poitou qu'il quitta pour poursuivre les chefs gaulois Drappés et Luctérius, en Quercy et entreprendre le siège d'Uxellodunum où Fabius le rejoignit (1).

Duratius, désormais hors de danger, pouvait régner en paix à Limonum. César, son puissant protecteur, lui avait accordé ou confirmé le privilège de battre monnaie. Plusieurs quinaires d'argent portant une tête diadémée accompagnée de la légende *Durat,* et au revers un cheval galopant avec la légende *Julios,* signe de sa dépendance, ont été trouvés en assez grand nombre, non loin de Limonum, à Bonneuil et surtout à Vernon (2). Le Poitou définitivement soumis, aurait eu, suivant quelques numismatistes, durant la seconde moitié du premier siècle avant l'ère chrétienne, deux autres chefs contemporains et successeurs de Duratius, également alliés des Romains, Viretios et Atectorix dont les médailles se rencontrent souvent dans ce pays (3). Ainsi, l'aristocratie gauloise en grande partie gagnée par César, convaincue de l'inutilité d'une plus longue résistance aussi bien que de la supériorité de la civilisation des conquérants, consultant enfin ses propres intérêts de caste, contribua puissamment à la consolidation de la domination romaine. César, qui après sa

(1) *Commentaires de César,* livre VIII, par Hirtius. — Orose VI, 11. — *Hist. de J. César,* par Napoléon III, t. II, 335, 337. — *Hist. des Gaulois,* par Amédée Thierry, t. III. — *Bull. des Antiq. de l'Ouest,* t. I. p. 471.

(2) *Mém. des Antiq. de l'Ouest,* VI, 267, art. de M. Lecointre, et XXXVII, 513.

(3) *Mém. des Antiq. de l'Ouest,* XXXVII, 498, art. de M. de Barthélemy.

victoire traita les vaincus avec une certaine douceur, trouva parmi eux des auxiliaires dévoués dont il forma des légions et des ailes de cavalerie (1). Le chef picton, Atectorix, commanda même l'un de ces corps alliés dont le nom, *Ala Atectorigiana*, lui survécut longtemps après, comme vient de le révéler la curieuse inscription découverte dans les remparts antiques de Saintes.

La période de transition qui suivit la conquête est enveloppée d'une obscurité complète pour la cité de Limonum. Elle fut sans doute classée au nombre des cités tributaires puisqu'on ne la rencontre pas sur les listes des cités libres ou fédérées. Cependant un peu plus tard, sous Néron, Lucain qualifie les Pictons *immunes* (2). Lors de la réorganisation de la Gaule par Auguste, en l'an 27 avant notre ère, elle fut détachée de la Celtique pour contribuer à la formation de la province d'Aquitaine (3).

L'aspect barbare du Limonum celtique et les mœurs grossières de ses habitants se transformèrent assez rapidement sous l'influence de l'administration et des idées romaines. Les rustiques habitations firent place peu à peu à des maisons plus *solides et mieux aménagées*. Des monuments de toutes sortes s'élevèrent pour satisfaire les besoins créés par une civilisation nouvelle et plus raffinée. Le plus magnifique de ces monuments, celui qui a résisté le plus longtemps aux destructions de tous les âges suivants, c'est l'amphithéâtre. Son grand axe mesurait 155 mètres et le

(1) *Hist. des Gaulois*, par Am. Thierry, t. III, 213.

(2) *La Gaule romaine*, par Ern. Desjardins, III, 51-55. — Lucain, Pharsale, I.

(3) Idem. III, 165. -- Strabon, liv. IV.

petit axe 130 mètres. Sa hauteur était de 26 mètres. On y pénétrait par deux grandes portes ou *vomitoria* dont l'une n'a été détruite qu'en 1858. On a calculé qu'il pouvait contenir près de 22,000 spectateurs. La construction de cet immense édifice doit remonter au plus tard à la période des Antonins, c'est-à-dire vers le commencement du II° siècle (1).

Un autre monument d'une utilité générale chez les Romains, des thermes publics existaient au nord de la ville où les ruines en ont été découvertes sous l'église et le cimetière de Saint-Germain. Ils occupaient une superficie de 2 hectares 93 ares et étaient construits avec un grand luxe. Les marbres, les mosaïques et les peintures y étaient prodigués. La découverte d'une monnaie de Claude dans un bloc de béton en ferait remonter l'origine au Ier siècle (2).

D'autres édifices tels que temples, diribitoria, basiliques, arcs de triomphe, statues équestres en bronze dont les débris survivants, colonnes, chapiteaux, architraves, inscriptions, fragments de bronze doré, etc., témoignent suffisamment l'existence, s'élevaient sur divers points inconnus de la ville. On a quelque raison de fixer notamment la situation de deux temples sur les lieux occupés aujourd'hui par la cathédrale et par l'église de Notre-Dame. La découverte de substructions de maisons avec leurs mosaïques et hypocaustes dans presque tous les quartiers, démontre que la ville romaine s'étendait sur la plus grande partie du plateau occupé par la ville moderne.

Cinq grandes voies partant de Limonum conduisaient

(1) *Mém. des Antiq. de l'Ouest*, X.
(2) *Congrès archéol. du Mans*, 1878, p. 20. Art. du P. de la Croix.

à Tours, à Bourges par Argenton, à Limoges, à Saintes et à Nantes avec embranchement sur Angers. Elles étaient jalonnées par des bornes militaires portant les noms des empereurs, Antonin le Pieux, Commode, Septime Sévère, Alexandre Sévère, Dèce, Tétricus, Tacite, Maximien, Constance Chlore. Leur existence et leur entretien, sinon leur création qui pourrait bien être antérieure, sont donc tout au moins constatées aux IIe et IIIe siècles.

Trois aqueducs amenaient à Limonum les eaux de sources éloignées. Le plus considérable allait prendre l'eau de la fontaine de Fleury, située à 25 kilomètres. Le second allait chercher l'eau de Basse-Fontaine et de la Reinière à 12 kilomètres. Ils arrivaient dans la ville par la Tranchée, et les arcades, soutenant l'aqueduc de Basse-Fontaine, sont encore debout, non loin de là à l'Hermitage. Le troisième aqueduc amenait l'eau de la fontaine du Cimeau et de la source du Gué-aux-Rats. Il était à un niveau inférieur et arrivait dans les bas quartiers de la ville en suivant à mi-côte le coteau sur lequel est situé Blossac et en prenant la direction du boulevard de Tison. Les deux premiers aqueducs convergent vers la place d'Armes actuelle dans les environs de laquelle devait se trouver le château-d'eau. Ces trois aqueducs ne datent pas de la même époque et ont dû être construits successivement. Celui de Fleury doit être le plus ancien. Des défectuosités d'exécution reconnues à son point de départ et l'augmentation de la population de la ville auront motivé la création des deux autres (1).

(1) *Mém. des Antiq. de l'Ouest*, XXI, 1854, p. 56-83.

Une organisation municipale, calquée sur les autres municipes de l'empire, avec son conseil des décurions, ses duumvirs, édiles et autres magistrats, fonctionna de bonne heure à Limonum. L'épitaphe mutilée d'un duumvir en conserve la preuve matérielle. Un illustre Poitevin, L. Lentulius Censorinus, revêtu de tous les honneurs municipaux dans sa cité d'origine, au ɪɪ° siècle, fut très probablement élu prêtre à l'autel de Rome et d'Auguste, à Lyon, où on lui érigea un monument. Il devint ensuite curateur de Bordeaux et inquisiteur des Gaules (1).

Un autre illustre Poitevin, le consul Claudius Varénus, donna sa fille Claudia-Varénilla en mariage au propréteur de la province d'Aquitaine, Marcus-Censorius Pavius. La cité des Pictons, désirant flatter le père et l'époux, éleva à cette femme distinguée un splendide monument funéraire qui, d'après plusieurs archéologues, ne serait autre que le célèbre temple Saint-Jean, dégagé, bien entendu, de ses nombreux remaniements postérieurs. Le caractère de l'inscription de Varénilla fixerait au ɪɪ° siècle au moins l'époque où vécut cette noble famille (2).

Si les Druides avaient été proscrits, le vieux polythéisme gaulois, ménagé par la politique habile des conquérants, s'était maintenu et amalgamé avec le polythéisme romain. Le culte de Mercure, si répandu en Gaule, était en grand honneur à Limonum. On lui avait dédié un temple sur les hauteurs de la Roche. Hercule, Mars, Vénus, Apollon,

(1) *Mém. des Antiq. de l'Ouest*, 1886. — *Le Temple d'Auguste*, par Bernard.

(2) Voir l'inscription au musée des Antiquaires.

les déesses-mères n'étaient pas moins honorés. Le culte officiel d'Auguste ne pouvait être oublié. Limonum avait donc ses flamines augustaux parmi lesquels un seul est connu, Tibérius Claudius Potitus. La ville avait aussi son collège d'aruspice, où un prêtre célèbre, originaire de Campanie, Gaius Fabius Sabinus, vint exercer ses fonctions sacrées, probablement dès le Ier siècle (1).

C'est à la même époque, au Ier siècle, que, d'après une tradition ancienne et respectable, quoique contestée, le christianisme aurait été prêché à Limonum pour la première fois par Saint-Martial, l'apôtre de l'Aquitaine. Suivant plusieurs critiques qui invoquent Grégoire de Tours, cette prédication n'aurait eu lieu qu'au milieu du IIIe siècle. Quoiqu'il en soit, si l'église de Poitiers n'est pas antérieure à cette dernière date, la nouvelle religion n'a sans doute pas attendu si tard pour y faire quelques adeptes (2).

Les deux premiers siècles et la première moitié du troisième furent une longue et brillante période de paix et de prospérité. Il n'est pas possible de se faire une idée exacte de l'importance de Limonum. Mais si l'on considère la grandeur de son amphithéâtre, l'abondance des eaux de ses aqueducs, si l'on tient compte de l'étendue de ses trois nécropoles, situées l'une au Sud sur l'emplacement de la promenade actuelle de Blossac, l'autre à l'Est sur les dunes, la troisième à l'Ouest sur les hauteurs de la Roche,

---

(1) *Epigraphie rom. du Poitou, ap. mém. des Antiq.*, 1886. — *Le temple de Mercure à Poitiers,* par le P. de la Croix, *ap. mém. des Antiq.*, 1887.

(2) *Hist. ecclés. du Poitou,* par D. Chamard. — *Apostolat de Saint-Martial,* par l'abbé Arbellot.

on est en droit d'en conclure qu'elle constituait une assez grande ville (1).

Les premières invasions des barbares Germains, Francs et Vandales en 260 et surtout celle plus terrible de 275, qui détruisit soixante-dix villes des Gaules, parmi lesquelles on ignore si Limonum doit être comptée, répandirent partout l'épouvante. L'anarchie des trente tyrans et plus tard, en 286, le soulèvement des Bagaudes achevèrent de mettre fin à la bienheureuse sécurité dont on jouissait depuis si longtemps. De toutes parts on ne songea plus qu'à se mettre en défense. C'est alors que la ville de Limonum rétrécissant son étendue, s'entoura d'un puissant mur de fortification dans les fondations duquel on entassa les matériaux des monuments existants sur son parcours ou pouvant gêner ses défenses. Cette enceinte, flanquée de tours rondes et revêtue d'un petit appareil avec chaînes de briques, commençait au Palais, traversait les rues des Cordeliers et du Chaudron-d'Or, longeait la rue du Puygarreau, traversait le Lycée, descendait le long de la rue de Paille, suivait les terrasses des couvents de la Trinité et de Sainte-Croix, puis la rue du Pigeon-Blanc, traversait la Grande-Rue à Saint-Michel, remontait le long de la rue des Filles-Saint-François, puis entre les rues Saint-Cybard et Sainte-Opportune, tournait près du Pilori dans la rue des Flageolles pour suivre la rue de la Petite-Roue et regagner le Palais. Tout démontre que cette importante

---

(1) *Découverte d'un cimetière du IIe siècle à Poitiers*, par Rothmann, 1879. — *Antiq. du Haut-Poitou*, par Thiollet. — *Hypogée martyrium*, par le P. de la Croix.

construction remonte environ au règne de Constance Chlore (1).

Le christianisme persécuté naguère, sous Maximien, par Dacianus, gouverneur de l'Aquitaine, qui avait fait martyriser plusieurs fidèles, ayant été déclaré libre par Constantin, en 313, l'église de Limonum put se développer avec quelque sécurité. On doit nommer parmi l'un des derniers martyrs poitevins, saint Simplicien, massacré par son père Justinus, païen fanatique. Une tradition très vraisemblable attribue à l'empereur Constantin, ou du moins à son époque, la fondation de l'église de Notre-Dame dont les murs ont conservé un fragment empreint des caractères les plus certains des constructions romaines (2). Mais c'est à l'épiscopat de Saint-Hilaire qui avait eu déjà huit prédécesseurs, d'ailleurs peu connus, que le christianisme doit son principal essor.

Hilaire, né à Poitiers de parents nobles, avait puisé une grande instruction aux écoles existant alors dans cette ville. Lorsqu'il fut baptisé après sa conversion, en 342, il était marié et père d'une fille, Abre. Elu évêque vers 350 par le peuple et le clergé poitevins, il ne tarda pas à se distinguer par son zèle et sa science. Ayant encouru la disgrâce de l'empereur Constance, protecteur de l'arianisme, par la vigueur avec laquelle il défendit l'orthodoxie contre cette hérésie, il fut exilé en Phrygie, en 356. Là il composa

(1) *Enceinte romaine de Poitiers*, par B. Ledain, *ap. mém. des Antiq. de l'Ouest*, 1872.
(2) *Hist. eccl. du Poitou*, par D. Chamard. — Bouchet, *annales d'Aquitaine*.

ses traités de la Trinité et des Synodes et continua à lutter
par la plume et la parole, notamment au concile de
Séleucie, avec un tel succès, que l'empereur le renvoya,
en 360, dans son diocèse. De retour à Poitiers, Hilaire eut
la douleur de perdre sa fille, Abre, qu'il ensevelit dans le
cimetière chrétien de la ville, où il fonda une basilique en
l'honneur des saints Jean et Paul. Les polémiques difficiles
qu'il soutenait contre l'arianisme et les voyages qu'il
fit dans ce but en Italie, en 362 et 364, ne l'empêchaient pas
de veiller avec zèle au bien de son diocèse. Protecteur du
grand apôtre saint Martin qu'il avait accueilli avec bonheur
en 354, dans son palais épiscopal près de Saint-Pierre et de
nouveau après son retour de l'exil, il l'aida dans la
fondation de son monastère de Ligugé. Il favorisa surtout
les prédications si fructueuses, entreprises par cet homme
extraordinaire contre le paganisme si tenace des campagnes.
Saint Hilaire mourut le 13 janvier 368, dans l'oratoire de la
Celle, ancienne habitation de sa famille, qui devint un
monastère, Saint-Hilaire-de-la-Celle. Il fut enseveli entre
sa femme et sa fille, dans l'église Saint-Jean et Saint-Paul
que son tombeau rendit si célèbre sous le nom de Saint-
Hilaire-le-Grand (1).

Les écoles de grammaire et de rhétorique de Poitiers, au
IVe siècle, n'avaient point la réputation de celles d'Autun et
de Bordeaux. On connaît les noms de deux de leurs
professeurs, Anastasius, originaire de Bordeaux, gram-
mairien, et le rhéteur Rufus, d'origine poitevine. Ausone
ne les épargne pas dans ses épigrammes. Le prêtre

_____

(1) *Hist. eccl. du Poitou*, par D. Chamard.

Héliodore, qui enseigna la langue grecque à Saint-Hilaire, doit avoir également professé à Poitiers (1).

Le vieux nom gaulois de Limonum, sous lequel était désigné Poitiers, disparaît au IVe siècle pour faire place à celui tiré du nom même de la province dont l'étymologie n'est pas moins gauloise. Cette dénomination nouvelle, d'ailleurs si naturelle, est inscrite dans la *Notice des provinces* et dans Ammien Marcellin qui place la cité poitevine au nombre des quatre premières de l'Aquitaine. Vers la même éqoque, entre les années 363 et 386, la province d'Aquitaine, ayant été subdivisée en deux provinces, Poitiers fut attribué à l'Aquitaine seconde (2). A une époque inconnue du même siècle, peut-être dès le règne de Constantin, cette ville fut assignée comme résidence à un préfet de colonies militaires Sarmates et Teifales, *præfectus Sarmatarum gentilium et Taifalorum gentilium, Pictavis in Gallia.* Ces auxiliaires étrangers furent cantonnés sur toute la surface de la province (3).

Lors de la grande invasion, en 407, le flot des barbares qui descendait du nord se dirigeant vers les Pyrénées, rencontra Poitiers sur sa route. Il n'est pas certain que la ville, défendue par sa puissante enceinte, ait été forcée par l'ennemi. Mais tout ce qui était en dehors, notamment la basilique de Saint-Hilaire, fut saccagé (4). L'empereur

(1) Dreux-Duradier, *Bibliothèque hist. du Poitou*, t. I.

(2) *Atlas historique de la France*, par Longnon, p. 18.

(3) *Notitia dignitatum*, éd. Bocking. — *Camps dits Chatelliers*, par B. Ledain, *ap. Mém. Ant. Ouest*, 1884.

(4) Bouchet, *Annales d'Aquitaine*.

Honorius, débordé de toutes parts, céda aux Visigoths, en 419, la seconde Aquitaine dont Poitiers faisait partie (1). Toutefois il semble que les Visigoths ne se soient mis en possession du Poitou, qu'en 462, sous Théodoric (2).

Un personnage d'origine Poitevine, Exupérantius qui avait pacifié l'Armorique révoltée, vers l'an 417, devint préfet du prétoire des Gaules et mourut assassiné à Arles, en 424. C'est à lui que saint Jérôme aurait adressé une lettre dans laquelle il est fait allusion à Quintianus, évêque de Poitiers, vers 385 (3). Le poète Rutilius Numatianus qui vivait à la même époque, a été également considéré comme Poitevin, mais sans motifs suffisants (4). Il fait l'éloge d'Exupérantius dans son poème.

Un certain Eutilius ou Eutychius qui exerçait les fonctions de comte, à Poitiers, au commencement du v° siècle, reçut dans sa maison un saint personnage son parent, nommé Savin, originaire d'Espagne, auquel il confia l'éducation de son fils. Le jeune homme, docile aux pieuses leçons de son précepteur, se fit moine avec lui à Ligugé. Savin se retira ensuite au monastère qui reçut plus tard son nom, dans les Pyrénées. Sa mémoire fut honorée d'un culte à Poitiers, où une église lui fut consacrée, probablement sur le lieu même où s'élevait la maison d'Eutilius, ainsi que tendrait à le

(1) Tillemont, *Hist. des Empereurs*, t. V.

(2) *Hist. du Bas Empire*, par Lebeau, VI, 435, d'après Idace.

(3) *Hist. eccl. du Poitou*, par D. Chamard, 478. — Lebeau, V, 451. — Tillemont, VI, 187.

(4) Dreux-Duradier, I, 104.

démontrer la découverte de substructions romaines sous les fondations de cet édifice (1).

Les rois Visigoths ne changèrent rien à l'organisation romaine. Mais ils étaient Ariens et persécuteurs du clergé. Euric se signala surtout par sa haine anti-catholique (474-484). Cette conduite les rendit odieux. Les catholiques désiraient vivement passer sous la domination de Clovis, roi des Francs, maître du nord de la Gaule. Ce prince, qui ne cherchait que l'occasion, envahit aussitôt le royaume Visigoth, dont le roi Alaric II se trouvait alors à Poitiers, prêt à la résistance. L'armée Franque ayant réussi à traverser la Vienne par un gué et avertie de la marche des Visigoths par un signal parti de Poitiers, leur livra bataille dans la plaine de Vouillé, à dix milles de la ville. Clovis tua son rival Alaric et remporta une victoire complète (507) (2). Le vainqueur combla de biens le monastère de Saint-Hilaire, gouverné alors par saint Fridolin. Grâce à ces libéralités, Fridolin et l'évêque Adelphius reconstruisirent la basilique et transférèrent dans un nouveau sépulcre le corps de l'illustre saint Hilaire (3). Adelphius, qui pendant la dernière persécution Arienne, s'était réfugié à l'extrémité de son diocèse, à Rézé, put assister librement au concile d'Orléans, en 511.

---

(1) *Hist. eccl. du Poitou,* liv. II, 141, 144.

(2) Grégoire de Tours, liv, II. c. 37.

(3) *Hist. eccl. du Poitou,* liv. II, 172. — *Essai historique sur Saint-Hilaire,* par de Longuemar.

CHAPITRE II

ÉPOQUE MÉROVINGIENNE

Après la mort de Clovis, en 511, Poitiers fut attribué au royaume de Clodomir, roi d'Orléans, à la mort duquel, en 524, il passa en la possession de Clotaire, roi de Soissons (1). Le fils de ce dernier, Chramne, envoyé comme lieutenant en Auvergne, s'y était comporté avec la dernière violence. De Clermont il vint à Poitiers où en compagnie d'un jeune poitevin, son favori, nommé Léon, il tint une cour fastueuse. Durant son séjour dans cette ville, ce prince ambitieux, violent et débauché, ourdit avec son oncle Childebert, roi de Paris, un complot contre son père. Après la conclusion d'un traité secret négocié par des messagers, Chramne quitta Poitiers et retourna en Limousin où il se mit en révolte ouverte, prenant en main l'autorité royale dont il n'était que délégué (556). Le duc Austrapius qui commandait en Poitou pour le roi Clotaire ne voulut point s'associer

(1) *La Gaule au VIe siècle*, par Longnon.

à la révolte du prince. Mais craignant sa colère, il se réfugia dans la basilique de Saint-Martin de Tours, asile inviolable où il n'échappa toutefois à ses poursuites qu'au prix des plus grandes souffrances. La mort de Childebert et le triomphe de Clotaire mirent fin à la révolte (558) (1).

Ces événements se passaient peu de temps après la fondation, à Poitiers, du célèbre monastère de Sainte-Croix par la douce et pieuse reine Radégonde, épouse de Clotaire. Contrainte de se séparer d'un prince brutal, meurtrier et adultère, Radégonde avait pris le voile des diaconesses et s'était retirée, en Poitou, à Saix, domaine de son douaire. Elle obtint de Clotaire la permission de fonder un monastère à Poitiers. Le gouverneur Austrapius et l'évêque Pientius reçurent du roi l'ordre de le construire. Ce grand établissement, qui devait bientôt recevoir deux cents religieuses, s'éleva à l'est de la ville, le long de la muraille romaine qui en forma un des côtés. C'est pour cela que Grégoire de Tours parle des fortifications et des tours qui en formaient la clôture. Radégonde en prit possession le 25 octobre de l'année 552 ou 553 au milieu d'une foule immense accourue pour la recevoir (2). Clotaire conçut un instant la pensée d'aller ressaisir son épouse dans son monastère. Déjà il était arrivé à Tours. Mais il en fut détourné par saint Germain, évêque de Paris, auquel sainte Radégonde avait adressé des lettres dans ce but par Proculus, un de ses agents. Le roi fit

(1) Grégoire de Tours, liv. IV. c. 16, 18.
(2) Baudonivie, *vie de sainte Radégonde*. — Fortunat, *vie de sainte Radégonde*. — Grég. de Tours, *de Gloria confess*. — *Hist. eccl. du Poitou*, par D. Chamard.

2

de nouvelles donations au monastère et chargea saint
Germain d'implorer le pardon de son épouse. Saint Germain
vint donc à Poitiers. Là, à la requête de Radégonde, en
présence de l'évêque Pientius et de plusieurs autres évêques
de la province, il consacra abbesse du nouveau monastère
une simple religieuse, Agnès, que l'humilité de la fonda-
trice avait recommandé au suffrage de ses sœurs (560).
Radégonde travaillant toujours à perfectionner et compléter
son œuvre, commença à cette époque l'édification d'une
église dédiée à Notre-Dame, destinée à un chapitre de
moines chargés du service religieux de la communauté et
à la sépulture des religieuses (562). Cette basilique était
située en dehors des murs de la ville, mais très voisine du
monastère (1).

Après la mort de Clotaire, la ville de Poitiers fut comprise
dans le partage de son fils Caribert, roi de Paris (561). Ce
prince lui donna pour évêque Pascentius, abbé de Saint-
Hilaire, malgré les réclamations de l'ancien duc Austrapius,
devenu clerc, auquel Clotaire avait promis le siège (564) (2).
Après la mort de Caribert, en 567, un nouveau partage fit
tomber Poitiers dans le lot de Sigebert, roi d'Austrasie.
Mais Chilpéric, roi de Soissons, s'en rendit maître à son
préjudice (3). Galsuinthe, fille du roi des Visigoths, qu'il
avait demandée en mariage, passa à Poitiers en 567, se

(1) Baudonivie. *vie de sainte Radégonde.* — Fortunat, *vie de sainte
Radégonde.* — Grég. de Tours, *de Gloria confess.* — *Hist. eccl. du
Poitou,* par Dom Chamard.
(2) Grégoire de Tours, liv. IV, c. 18.
(3) Idem, IV, c. 46 — Longnon *Géogr. de la Gaule au VI⁰ siècle.*

rendant auprès de son royal époux. Un italien célèbre,
Venance Fortunat, nouvellement arrivé, raconte la pompe
du cortège de la princesse. Du fond de sa cellule, sainte
Radégonde lui envoya ses vœux de bonheur mêlés de
tristes et trop justes pressentiments. Bientôt, en effet, elle
ne tardait pas à apprendre l'affreux assassinat de cette
infortunée qui lui arracha de touchants gémissements (1).

Le roi Sigebert voulant reprendre le Poitou que lui
avait ravi Chilpéric, se ligua avec Gontran, son frère,
et envoya un habile général, Mummole, à la tête d'une
armée. Le jeune Clovis, fils de Chilpéric, gouverneur de
cette province et de la Touraine, fut d'abord chassé de la
Touraine. Puis Mummole marcha sur Poitiers. Deux
citoyens notables de la ville, investis sans doute de quelques
fonctions publiques, Basile et Sighaire, ayant réuni les
milices municipales, sortirent pour s'opposer au général de
Sigebert. Mais Mummole les enveloppa et leur infligea
un désastre complet. Basile et Sighaire périrent dans
le combat. Poitiers ouvrit ses portes au vainqueur qui
reçut le serment des habitants (vers 569 ou 570) (2).
Fortunat a fait l'éloge de Basile et de sa femme Baudegonde.
C'était un esprit cultivé. Le peuple le chérissait et le roi,
dont il avait la confiance, l'avait employé comme ambassadeur en Espagne. Le nom de Sighaire, d'après certains
érudits, aurait survécu dans le nom du camp de *Sichar*,
près de Voulon (3).

(1) Fortunat, liv. VI, c. 7.
(2) Grégoire de Tours, liv. IV, c. 46.
(3) Fortunat, IV, 18.

Chilpéric voulut reprendre le Poitou. Il chargea son fils Théodebert de cette conquête. Théodebert vint attaquer Poitiers ou commandait le duc Gondebaud, au nom de Sigebert. Il mit son armée en déroute et fit un grand carnage du peuple (574). La paix l'obligea de restituer cette ville à Sigebert et il pria même ce roi de ne pas inquiéter les habitants qui ne s'étaient soumis à lui que par la force (1). Mais après la mort de Sigebert, en 575, il reprit ses projets de conquête et dirigea sur le Poitou son fils Mérovée avec une armée. L'entreprise manqua par la fuite de Mérovée qui avait d'autres desseins. Roccolen, envoyé à sa place avec les milices du Maine, marchait sur Poitiers lorsque la mort l'arrêta subitement à son arrivée, le 28 février. Ce fut heureux pour les Poitevins contre lesquels il avait préparé des rôles d'impositions arbitraires et des jugements de sévères condamnations (576). Chilpéric réussit enfin à s'emparer du pays. Ses lieutenants chassèrent ceux de son neveu Childebert II, fils et successeur de Sigebert. Ennodius, qui exerçait la charge de comte à Poitiers, fut pris, exilé et ses biens confisqués (577) (2). Le duc Dracolène, lieutenant de Chilpéric, ayant appris que Gontran Boson, partisan de Childebert, cherchait à enlever ses filles de l'abbaye de Saint-Hilaire de Poitiers où il les avait placées momentanément parce que c'était un lieu d'asile jouissant de l'immunité, résolut de l'en empêcher et même de l'arrêter pour le conduire au roi. Gontran Boson,

(1) Grégoire de Tours, IV, 48, 50.
(2) Grégoire de Tours, V, 2, 4, 25. — Longnon, *Géographie de la Gaule au vi° siècle*, p. 561.

attaqué traîtreusement, se mit en défense, tua Dracolène d'un coup de lance et se retira librement avec sa famille (578) (1).

Chilpéric, maître de Poitiers et de la province, en leva les milices qu'il joignit à l'armée envoyée en 578 contre les Bretons (2). Vers la même époque (581), le duc Bérulfe, gouverneur du Poitou et de la Touraine, poursuivait le célèbre Leudaste, comte de Tours, tombé en disgrâce et d'ailleurs couvert de crimes. Leudaste ne sachant comment échapper, chercha un refuge à Saint-Hilaire de Poitiers. Il y commit toutes sortes d'excès et ne craignait même pas d'en sortir pour piller les maisons voisines. Le roi irrité ordonna qu'il en fut expulsé (3).

Chilpéric ayant fait alliance avec son neveu Childebert contre Gontran, son frère, roi de Bourgogne, le duc Bérulfe reçut l'ordre d'envahir le Berry. Il emmena dans son armée les milices de Poitiers et de Tours et livra une sanglante bataille aux milices de Bourges, près de Château-Meillant. La paix ayant été conclue, il se retira, abandonnant le siège de Bourges et laissant le pays entièrement ravagé (583) (4).

L'année suivante, 584, au mois de septembre, Rigonthe, fille de Chilpéric, qui avait été accordée en mariage à Récarède, roi des Visigoths, passa à Poitiers se rendant en Espagne avec une escorte de plus de quatre mille hommes. Le séjour de ce cortège fut ruineux pour la ville et le pays,

(1) Grégoire de Tours, liv. V, c. 26.
(2) Idem, V, c. 27.
(3) Idem. V. c. 49.
(4) Idem. liv. VI, c. 31.

car ces hommes, avides et barbares, ne respectaient rien (1).

A la mort de Chilpéric, arrivée à la fin de l'année 584, les Poitevins et les Tourangeaux se prononcèrent pour Childebert, roi d'Austrasie, qui leur envoya le duc Gararic. Le duc, après avoir reçu la soumission de Limoges, vint s'installer à Poitiers. Mais les habitants du Berry, embrassant la cause de Gontran, marchèrent sur la Touraine qu'ils contraignirent à reconnaître ce roi, malgré les prières de Gararic et de l'évêque de Poitiers. Gararic, redoutant une catastrophe, quitta Poitiers pour aller chercher des secours et y laissa Eberon, comme lieutenant du roi Childebert. Aussitôt Sichaire et Willachaire, comtes de Tours et d'Orléans, envahissent le Poitou par la Touraine et le Berry et mettent tout à feu et à sang. Les Poitevins effrayés leur envoyèrent des députés demandant une suspension d'armes jusqu'à la prochaine entrevue des rois Gontran et Childebert, promettant de se soumettre à la décision qui y serait prise. Les généraux de Gontran refusèrent et menacèrent de continuer leurs dévastations si l'on ne se soumettait pas immédiatement. Dans cette extrémité, les Poitevins expulsèrent de leur ville les partisans de Childebert et prêtèrent serment à Gontran (2). Ce serment arraché par la force fut bientôt méconnu. Les Poitevins se montrèrent disposés à embrasser la cause de l'usurpateur Gondebaud, récemment proclamé roi par un parti puissant. Le prétendant s'avança même près de

(1) Grégoire de Tours, liv. VI, c. 45.
(2) Grégoire de Tours, liv. VII, c. 12, 13.

Poitiers, mais il décampa à la nouvelle de la prochaine arrivée d'une armée ennemie. En effet, le roi Gontran envoyait une armée qui avait pour mission de remettre les Poitevins sous le joug. Auparavant, on leur avait fait demander s'ils se soumettraient de bon gré. L'évêque Mérovée commit l'imprudence d'éconduire brutalement les députés. Alors l'armée pénétra en Poitou où elle exerça d'épouvantables ravages. Poitiers, serrée de près et réduite à l'extrémité, capitula. Les soldats de Gontran entrant dans la ville se précipitèrent sur l'évêque qu'ils accusaient d'être la cause de la révolte. Celui-ci eut recours à un moyen suprême pour se racheter lui et son peuple. Il convertit en monnaie un magnifique calice d'or de son église et put ainsi satisfaire la cupidité du vainqueur. Un certain Marilef, ancien médecin de Chilpéric, fut moins heureux. Les soldats le dépouillèrent de ses richesses et le réduisirent en esclavage. L'armée de Gontran quitta Poitiers pour se mettre à la poursuite de Gondebaud (585) (1).

Toutefois Gontran, inquiet peut-être du résultat de la guerre, se réconcilia avec son neveu Childebert et lui restitua tous les domaines de son père parmi lesquels figurait le Poitou. Ennodius fut envoyé en qualité de duc, à Poitiers et à Tours, en remplacement de Bérulfe, soupçonné de concussion. Le duc Rauchingue s'empara donc de la personne de ce dernier par surprise, au moment où il retournait à son poste. Il le fit charger de chaînes, enleva les trésors accumulés dans sa maison et les porta au roi Childebert qui ne lui fit grâce de la vie qu'à la prière des évêques. La

(1) Grégoire de Tours, liv. VII, c. 13, 24, 26, 28.

faveur d'Ennodius ne fut pas de longue durée. Les comtes de Poitiers et de Tours mécontents, demandèrent au roi d'être délivrés de son autorité. Ennodius apprit sa disgrâce, ce qui ne l'empêcha pas de revenir dans son gouvernement. Mais un ordre formel le contraignit de se retirer (587) (1).

Durant ces guerres civiles si cruelles et si désastreuses pour les peuples toujours opprimés par le vainqueur, sainte Radégonde poursuivait dans son monastère ses œuvres pieuses, travaillant en même temps à la pacification des esprits dans cette Société barbare. Une ambassade envoyée par le roi Sigebert à Constantinople, en 567, lui avait fourni l'occasion de demander à l'empereur Justin II une relique de la vraie Croix. La précieuse relique apportée à Poitiers par saint Euphrône, évêque de Tours, fut déposée dans le monastère au milieu d'un concours immense de peuple et au chant du *vexilla regis* composé pour la circonstance par Fortunat (568 ou 569). Sainte Radégonde n'avait pas tardé à apprécier la douceur, la piété et l'esprit délicat de cet étranger. Lui-même, de son côté, s'était épris d'une juste admiration pour la royale religieuse. Ordonné prêtre par l'évêque Pascentius, il se fixa à Poitiers et devint le plus utile coopérateur de sainte Radégonde. Il n'en fut pas de même du nouvel évêque Mérovée qui, animé d'une jalousie mesquine, entrava souvent les efforts de la sainte. Afin de consolider son œuvre, elle eut recours en 570 à tous les évêques et aux princes francs dont elle obtint la protection spéciale. Forte de cet appui, elle put travailler en paix à l'amélioration de son monastère jusqu'à sa mort

(1) Grégoire de Tours, VIII, c. 26 ; IX, c. 7.

qui arriva le 13 août 587. Elle fut ensevelie dans l'église Sainte-Marie hors des murs qu'elle avait fait construire, accompagnée des regrets et du deuil universels. L'illustre Grégoire, évêque de Tours, présida la cérémonie funèbre de celle dont il avait eu si souvent l'occasion d'apprécier les vertus et qui l'avait honoré de sa confiance (1).

Le traité d'Andelot (nov. 587) confirma le roi Childebert II d'Austrasie dans la possession de la cité de Poitiers. L'évêque de cette ville, Mérovée, en obtint la rectification des rôles des impôts depuis longtemps fautifs, mal tenus et arbitraires. Le roi envoya à Poitiers, pour cette opération, Florentien, maire du palais, et Romulf, comte du palais. Ils procédèrent donc au recensement du peuple et dressèrent de nouveaux rôles avec une certaine équité (589) (2).

Des troubles scandaleux éclatèrent dans l'abbaye de Sainte-Croix peu de temps après la mort de sainte Radégonde. Deux religieuses du sang royal, Chrodielde, fille de Caribert, et Basine, fille de Chilpéric, refusèrent d'obéir à l'abbesse Leubovère, sous prétexte d'atteintes portées à la règle. Bravant l'excommunication, elles sortirent entraînant cinquante de leurs compagnes et allèrent demander justice au roi Gontran. Celui-ci ne les accueillit pas mal et chargea les évêques de juger l'affaire. Au lieu d'attendre leur décision, Chrodielde et Basine revinrent à Poitiers, escortées d'une troupe de bandits conduits par Childéric le Saxon, homme couvert de crimes, qui se mettait

_____

(1) Grégoire de Tours. — Baudonivie, *vie de sainte Radégonde.* — Fortunat. — *Hist. eccl. du Poitou,* par D. Chamard.

(2) Grégoire de Tours, liv. IX.

à la solde du plus offrant. Elles se retranchèrent dans l'enceinte de la basilique de Saint-Hilaire déclarant qu'elles ne se soumettraient qu'après l'expulsion de l'abbesse. Les évêques de la province réunis à Saint-Hilaire pour juger le différend ayant menacé les rebelles de l'excommunication, furent assaillis et expulsés brutalement par les sicaires. L'excommunication fut alors fulminée, mais sans produire aucun résultat. Le roi Childebert envoya en vain un prêtre, Teuthaire. Chrodielde ne voulut rien entendre si on ne levait pas l'excommunication. Elle osa même faire arracher du monastère par ses bandits l'abbesse Leubovère qu'elle fit traîner dans son repaire, à Saint-Hilaire. L'évêque Mérovée exigea la mise en liberté de l'abbesse qui n'aurait pas été accordée, si Flavien, chambellan du roi, n'eut réussi à l'enlever et à la placer dans l'asile de la basilique. L'audace de Chrodielde ne faisait que croître. Des meurtres journaliers étaient commis par ses bandits. Le roi Childebert ordonna alors à Maccon, comte de Poitiers, d'y mettre un terme par la force. Il réunit donc des hommes armés auxquels se joignit une multitude indignée de tous ces crimes. On attaqua le repaire de Chrodielde et une véritable bataille s'engagea. Les rebelles furent forcés et mis en pièces. Les évêques réunis de nouveau à Poitiers, par ordre du roi, confirmèrent l'excommunication des religieuses révoltées et rétablirent l'abbesse légitime dans son monastère. Basine se soumit enfin. Mais Chrodielde persista et le roi Childebert eut la faiblesse de la faire absoudre en la reléguant dans une villa du Poitou (589-590) (1).

(1) Grégoire de Tours, liv. IX, X.

Saint Porchaire, qui était abbé de Saint-Hilaire pendant ces désordres sauvages, avait été chargé par son évêque d'y intervenir en qualité de médiateur. Mais il n'avait pu réussir à ramener la paix. Il mourut peu de temps après. Son culte a donné naissance à l'église qui lui est dédiée, connue auparavant sous le nom de Saint-Sauveur et où il avait été enseveli. Son tombeau, retrouvé en 1676, portait cette inscription : *in hoc tumulo requiescit sanctus Porcharius* (1).

L'illustre Fortunat, élu évêque de Poitiers vers l'an 596 ou 597, n'y demeura pas longtemps, car il était très âgé. La mort l'enleva le 14 décembre 600. Il fut inhumé à Saint-Hilaire. C'est le dernier représentant de la littérature et de la civilisation romaine (2).

Après la mort de Childebert II, en 596, Poitiers et l'Aquitaine, dont il faisait partie, continuèrent à dépendre du royaume d'Austrasie sous Thierry II et Clotaire II. Dagobert, seul roi des Francs en 628, confirma le duc Sadragésile, nommé par Clotaire II, dans le gouvernement de la partie de l'Aquitaine qu'il n'avait pas donnée à son frère Caribert et où Poitiers se trouvait compris. Sadragésile possédait des biens en Poitou. Il était encore en charge en 635. Ayant été tué, on ne sait dans quelle circonstance, ses biens furent confisqués, et servirent à la dotation de saint

(1) Grégoire de Tours, liv. IX, X. — Dufour, *De l'ancien Poitou et de sa capitale*, 362, 364. — Idem. *Histoire générale du Poitou*, 137, 160. — *Hist. du Poitou*, par Thibaudeau, t. I, p. 105, 2ᵉ édition.

(2) *Hist. eccl. du Poitou*, par D. Chamard.

Denis, qui possédait en Poitou le prieuré de Saint-Denis-
en-Vaux (1). Le duc Barontus lui succéda. Il résidait à
Poitiers. En 638, à la mort de Dagobert, Poitiers et
l'Aquitaine Austrasienne passèrent à Sigebert II, roi
d'Austrasie, en vertu du partage de 634, fait par le roi entre
ses deux fils, Sigebert et Clovis. La mort de Sigebert, en
656, donna lieu à une révolution de palais de courte durée,
mais qui eut de funestes conséquences. L'évêque de
Poitiers, Dido, d'origine franque, secondant les ambitieux
desseins de Grimoald, maire du palais, fit disparaître dans
l'exil le jeune fils du roi, nommé Dagobert, et fit proclamer
le fils même de Grimoald. Mais Clovis II, roi de Neustrie,
fit périr Grimoald presqu'aussitôt et demeura seul roi (656).
Quant à Dido on lui pardonna. Il rentra même en grâces et
envoya à la cour son neveu Léger, archidiacre de Poitiers,
puis abbé de Saint-Maixent, que le roi Clotaire III nomma
évêque d'Autun, en 661. Une nouvelle séparation de
l'Austrasie concédée à Childéric II, frère de Clotaire III, en
660, fit encore passer Poitiers dans le domaine de ce
royaume. Barontus, gouverneur de l'Aquitaine, fut dis-
gracié et remplacé par Félix, de Toulouse, puis par
Lupus, en 670 (2).

L'évêque Dido était tout-puissant à Poitiers. Son neveu,
Guérin, frère de Léger, évêque d'Autun, leude de la cour

(1) Dufour, *Hist. génér. du Poitou*, 107, 173. — *Origine du duché
d'Aquit.*, par Perroud. — *Hist. du Poitou*, par Thibaudeau, I, 119.

(2) *L'Aquitaine sous les derniers Mérovingiens*, par D. Chamard. —
Origines du duché d'Aquitaine, par Perroud. — *Hist. de Saint-Léger*,
par D. Pitra.

de Clotaire III et de Childéric II, exerçait les fonctions de
comte de Poitiers. Un autre parent, Ansoald, son futur
successeur à l'épiscopat, ancien ambassadeur de Dagobert,
était à sa dévotion. En outre, Dido était riche et habile
politique. Il jouissait donc d'une influence considérable.
Dido et Guérin aidèrent l'évêque d'Autun dans la
restauration de Thierry III, en 670. Mais le parti d'Ebroin,
ayant triomphé et renversé Léger, maire du palais de
Childéric II, en 673, Dido fut envoyé en exil et Guérin se
sauva chez les Vascons. Bientôt ce dernier, livré à Ebroin,
périt massacré. Léger, cruellement persécuté, succomba
martyr à son tour. La mort de Childéric II, assassiné en
673, ne renversa point Ebroin, qui resaisit le pouvoir avec
Thierry III. Il lança un arrêt d'exil contre Lupus, duc
d'Aquitaine, complice de la mort de Childéric II. Mais une
réaction s'opéra contre sa tyrannie dans ce pays. Lupus,
proclamé prince d'Aquitaine, entra en triomphe à Limoges
où il périt, il est vrai, victime de son imprudence. Ansoald,
successeur de Dido sur le siège épiscopal de Poitiers et
héritier de sa puissance, seconda le mouvement. L'assassinat
d'Ebroin le délivra de toute inquiétude (681). Ansoald se
rendit alors à la cour de Thierry III. Il obtint qu'on lui
remit pour son diocèse le corps de Léger, considéré dès
lors et même déjà honoré comme saint. C'était, en effet, un
martyr religieux, mais aussi un martyr politique dont on
réhabilitait la mémoire. Le corps de saint Léger, ramené
en grande pompe, fut reçu aux portes de Poitiers par
l'évêque Ansoald, entouré de son clergé et d'une grande
foule. Le cortège traversa la ville, passa à Sainte-
Radégonde et à Saint-Hilaire, et se dirigea à Saint-Maixent,

où l'abbé avait préparé un tombeau pour les restes vénérés de son prédécesseur (682). Une petite église qui a laissé peu de souvenir fut élevée à Poitiers à la mémoire de saint Léger, peut-être par les soins d'Ansoald (1). Ce prélat fonda, vers 696, un hopital pour 12 pauvres, sous le vocable de saint Luc. Il était situé au coin des rues actuelles de Saint-Paul et Saint-Savin (2).

Durant les guerres civiles des rois mérovingiens, dont l'autorité s'effaçait devant la prépondérance de Pepin d'Héristal, maire du palais, Ansoald, évêque de Poitiers, continua à entretenir des relations avec la cour d'Austrasie jusqu'en 697. Mais près de lui, grandissait une puissance nouvelle, celle du duc d'Aquitaine, Eudes, qui tendait à s'affranchir de la royauté franque. Eudes conquit le Berri et le Poitou, malgré Pepin d'Héristal, vers 699 ou 700. Il fit même alliance avec Chilpéric II, de Neustrie, contre Charles Martel, et fit reconnaître son indépendance (717). Charles Martel lutta longtemps contre lui. L'invasion des arabes d'Espagne réunit un instant les deux adversaires contre l'ennemi commun (3).

L'immense armée des Sarrazins d'Espagne, commandée par Abdérame, s'avançait des Pyrénées vers la Loire, refoulant devant elle les forces du duc d'Aquitaine et

(1) *Orig. du duché d'Aquitaine*, par Perroud. — *L'Aquit. sous les dern. Mérov.*, par D. Chamard. — Dufour. *Hist. génér. du Poitou*, 348, 359. — *Hist. de saint Léger*, par D. Pitra.

(2) *Mém. Antiq. de l'ouest*, t. 37.

(3) *L'Aquit. sous les dern. Mérov.* — *Origines du duché d'Aquitaine.* — Dufour. *Hist. du Poitou.*

répandant partout la terreur. Arrivée devant Poitiers, elle
saccagea les églises de Saint-Hilaire et de Sainte-
Radégonde, situées en dehors de l'enceinte. Mais aucune
chronique ne rapporte que la ville ait été prise. Ses vieilles
et fortes murailles romaines la préservèrent sans doute du
désastre. L'ennemi marchait rapidement vers Tours, lorsqu'il
rencontra l'armée franque de Charles Martel. Une terrible
bataille, dont les péripéties sont inconnues, s'engagea un
samedi du mois d'octobre 732, dans un lieu indéterminé
que les chroniques placent non loin de Poitiers, sans
donner d'autre indication. Les Sarrazins vaincus et mis en
complète déroute regagnèrent, très affaiblis et privés de
leur chef, le pays d'où ils étaient partis (1).

Le danger passé et Eudes descendu dans la tombe (735),
Charles Martel envahit l'Aquitaine au sort de laquelle est
lié désormais le Poitou. Ce pays ne voulait plus reconnaître
la domination franque. Hunald, le nouveau duc, fils d'Eudes,
vaincu par Charles, qui avait pénétré jusqu'à Bordeaux,
traita avec lui et garda ses Etats en prêtant serment de
vassalité (736). Hatton, frère cadet de Hunald, reçut Poitiers
en partage en jurant, comme lui, fidélité au prince franc.
La mort de Charles Martel encouragea Hunald à reprendre
les armes (741) dans le dessein de rendre complète l'indépendance de l'Aquitaine. Les succès de Pepin et Carloman,
fils de Charles, qui pénétrèrent en Berri et prirent Loches,
le contraignirent encore de céder. Les princes francs
s'avancèrent jusqu'au vieux Poitiers, où ils se partagèrent

---

(1) Frédégaire. — Dufour, *Hist. génér. du Poitou*, 312, 398, 401, où
sont indiquées les sources.

la monarchie mérovingienne (742). L'année suivante, Hunald traversa à son tour la Loire en armes, mais sans plus de succès. Toutes ces expéditions étaient accompagnées d'affreux ravages de part et d'autre. Hatton, qui était à Poitiers où il exerçait peut-être les fonctions de comte, au nom du duc d'Aquitaine, son frère, trahit, paraît-il, la cause nationale, soit en lui refusant son concours, soit en entretenant des relations secrètes avec l'ennemi d'Outre-Loire. Quoiqu'il en soit, Hunald l'attira hors de Poitiers à une entrevue, sous la foi du serment. Puis, lorsqu'il le tint entre ses mains, il l'emprisonna et lui fit crever les yeux, punissant ainsi le crime de son frère par un autre crime non moins odieux (744). La victime fut inhumée à Saint-Martial-de-Limoges (1).

Hunald, poussé par le remords et dégoûté d'un pouvoir plein de difficultés, abdiqua en faveur de son fils, Waifre, et se retira au monastère de l'Ile de Ré (745). Waifre maintint en paix l'indépendance de l'Aquitaine jusqu'au moment où Pepin, nouvellement proclamé roi, lui chercha querelle en lui envoyant des réclamations plus ou moins fondées, repoussées avec hauteur (760). Pepin envahit le Berri et le Poitou, s'empara de Doué et ravagea le pays. Dès lors, ce ne sont plus que des guerres atroces qui répandent partout la ruine et la désolation. En 762, Pepin venant de nouveau en Poitou s'empare de Thouars. En 765, Amanugus, comte de Poitiers, pour le duc d'Aquitaine,

---

(1) Dufour, *Hist. génér. du Poitou*, 316, 321. — *L'Aquitaine et les dern. Mérov.*, par D. Chamard. — *Annales du moyen-âge*, par Frantin, t. VI.

dirige une expédition sur Tours, repoussée par l'abbé de Saint-Martin et où il trouve la mort. Waifre, désespéré, fait démanteler toutes ses places fortes, parmi lesquelles Poitiers. Pepin les répara et y mit garnison (766). Cette guerre à mort se termina en 768 par la fin du courageux duc d'Aquitaine, en Périgord, le 2 juin. Un traître l'avait assassiné. Au retour de cette dernière campagne, Pepin passa par Poitiers pour rentrer en France, où il mourut le 23 septembre. Durant son court séjour à Poitiers, en juillet 768, Pepin confirma les privilèges de Saint-Hilaire, et prit cette grande abbaye sous sa protection.

L'Aquitaine n'était pourtant pas encore abattue. Hunald, sortant du cloître, résolut de venger son fils. Ce fut en vain. Charles et Carloman, réunissant leurs troupes en Poitou, entreprirent une campagne qui amena la chute définitive de l'indépendance aquitanique (769) (1).

_____

(1) Dufour, *Hist. génér. du Poitou.* — *L'Aquitaine et les dern. Mérov.*, par D. Chamard. — Chartes de Saint-Hilaire-de-Poitiers

3

CHAPITRE III

ÉPOQUE CARLOVINGIENNE

La création du royaume d'Aquitaine, faite en faveur de son jeune fils Louis, par Charlemagne, en 778, donna une certaine satisfaction aux tendances autonomistes de cette contrée. Des comtes furent préposés à l'administration de chaque grande cité. Poitiers fut confié au comte Abbon. Leurs fonctions étaient à la fois judiciaires, administratives, militaires et financières. On connaît deux plaids relatifs à Nouaillé, tenus à Poitiers, en novembre et décembre 780, par le comte Abbon, en présence d'Aper, abbé de Saint-Hilaire, et de plusieurs grands personnages. L'assemblée des plaids siégeait ordinairement au Palais, appelé pour ce motif, Mall, c'est-à-dire lieu où se rendait la justice, d'où est venu le nom de la tour Maubergeon. Les *missi dominici*, créés par Charlemagne, venaient aussi rendre la justice dans les provinces. En 791, deux de ces *missi*, Aldebald et Hermingard, envoyés à Poitiers par le roi Louis, réunis avec le comte Abbon dans l'abbaye de Saint-Hilaire,

rendirent plusieurs jugements. Abbon, administrait encore
le Poitou en 811. L'Astronome le qualifie d'homme
habile (1)

L'abbaye de Saint-Hilaire-de-Poitiers fut gouvernée
dans la dernière moitié du VIIIᵉ siècle, par deux hommes
remarquables, Aper et Aton. Aper en était abbé en 780. Il
reçut à Poitiers, vers l'an 785, un savant Lombard, le
célèbre Paul Diacre, qui composa sur sa demande une
épitaphe enthousiaste pour le tombeau de Fortunat, enseveli
à Saint-Hilaire. L'abbé Aton, de race franque, son
successeur, vers 793, exécuta des travaux de restauration
dans le monastère de Saint-Hilaire. Il construisit ou répara
l'oratoire de Saint-Lambert, contigu à la basilique, la petite
église Saint-Michel, qui en était voisine, la chapelle Saint-
Laurent, attenante au cloître, l'oratoire de Saint-Elidius et
de Saint-Lienne, disciple de Saint-Hilaire, l'église et
l'hôpital de Saint-Pierre-l'Hospitalier, également voisins
de la basilique, l'oratoire de Saint-Gelais, ancien évêque de
Poitiers, enseveli à Saint-Hilaire, l'oratoire de Saint-
André, situé un peu en avant de la basilique et démoli en
1772. Il fit, en outre, refaire les portes de la basilique,
embellir ou restaurer le chœur des moines, les autels, les
tombeaux d'Aper, son prédécesseur, et de Jean, évêque de
Poitiers. L'illustre Alcuin, ce protégé de Charlemagne, ce
savant maître de son école palatine, devenu abbé de Saint-

_____

(1) L'Astronome. — *Hist. des rois et ducs d'Aquit.*, par de la Fontenelle, d'après Besly, D. Etiennot, D. Fonteneau. — *Notice sur le palais*,
par Jeannel. — *Le royaume d'Aquitaine sous les Carlovingiens*,
par Mabille.

Martin-de-Tours, en 796, vint visiter à Poitiers, vers 799, Aton, son confrère et ami. Il mit à son service son remarquable talent poétique et composa plusieurs épitaphes dont il orna les tombeaux, les autels et les sanctuaires de la basilique Hilarienne (1).

Louis, devenu empereur après Charlemagne, dont il apprit la mort, étant au palais de Doué, en Anjou, donna le royaume d'Aquitaine à son fils Pepin (814). Il nomma Bernard, comte de Poitou, dont un délégué ou missus nommé Godilus, présida un plaid, à Poitiers, le 20 juin 815. Pepin, sacré roi d'Aquitaine en 817, à Limoges, signa un diplôme en faveur du monastère de Sainte-Croix-de-Poitiers, le 1ᵉʳ avril 825. Il fonda dans cette ville le monastère de Saint-Cyprien, en 828. Les fils de l'empereur s'étant révoltés et ayant saisi l'impératrice Judith, seconde femme de leur père, l'envoyèrent en exil à Poitiers, où Pepin la fit enfermer au monastère de Sainte-Croix (830). Elle y demeura jusqu'en 831, époque à laquelle elle fut rappelée par suite de la paix intervenue entre le père et les enfants. Mais Pepin, mécontent et poussé par Wala, exilé au monastère de Noirmoutiers, se révolta de nouveau contre son père en 832. Louis le Débonnaire vint avec une armée en Limousin, au mois de septembre, pour essayer de réduire son fils ; mais après une entrevue inutile, Pepin échappa et gagna le palais de Doué. L'empereur confia le comté de Poitou à Emenon, fils de Bernard, et retourna

(1) *Inscriptions métriques d'Alcuin, pour le monastère de Saint-Hilaire-de-Poitiers*, par l'abbé Largeault. — *Hist. des rois et ducs d'Aquitaine.*

à Aix-la-Chapelle, en 833. Pepin, malgré la déchéance prononcée contre lui, continua à exercer l'autorité dans ses Etats. Réconcilié avec son père en 834, il prit sous sa sauvegarde le monastère de Saint-Hilaire-de-Poitiers, dont il confirma les immunités, à la demande de Fridebert, évêque de Poitiers, son archi-chapelain, qui en était en même temps l'abbé (24 novembre 834). Pepin mourut à Poitiers, le 13 décembre 838, et fut enseveli dans l'église de Sainte-Radégonde, où son épouse, Ingeltrude, reçut aussi la sépulture (1).

La mort de Pepin fut le signal de nouvelles divisions. Un parti de l'indépendance de l'Aquitaine, dirigé par Emenon, comte de Poitiers, et son frère Bernard, proclama roi Pepin II, fils de Pepin Ier. L'évêque de Poitiers, Ebrouin, de concert avec Gérard, comte d'Auvergne, et le comte Ratier, se prononça pour le jeune Charles que l'empereur Louis, son père, destinait au royaume d'Aquitaine. Descendant de Roricon, comte du Maine, ancien chancelier de Pepin, en 831, abbé de Saint-Hilaire et autres monastères, l'évêque Ebrouin était un puissant personnage. Il informa l'empereur de ce qui se passait et le supplia d'intervenir. Louis le Débonnaire entra en Aquitaine par l'Auvergne, où il fit proclamer roi son fils Charles, et s'avança vers le Poitou en bataillant contre les partisans de Pepin II. Il arriva à Poitiers, à la fin de novembre 839, accompagné

---

(1) *Le royaume d'Aquitaine sous les Carlovingiens*, par Mabille. — *Hist. des rois et ducs d'Aquitaine*, par de la Fontenelle. — Adhemar de Chabanais. — *Annales Bertiniani*. — *Chron. de Saint-Maixent*. — Thibaudeau, *Hist. du Poitou*.

du jeune Charles et de l'impératrice Judith. Il s'empressa
de révoquer et de chasser le comte Emenon, qui se réfugia
près de Turpion, son frère, comte d'Angoulême. Bernard,
son autre frère, également partisan de Pepin II, partagea
sa disgrâce et s'enfuit près de Rainaud, comte d'Herbauges.
Louis le Débonnaire donna le comté de Poitou à Ranulfe,
fils de Gérard, comte d'Auvergne. Il demeura à Poitiers
jusqu'au carême de l'année 840.

Durant son séjour dans cette ville, l'empereur habitait le
palais, dont la construction remontait certainement à
l'époque romaine. On l'appelait le palais royal (1). Lorsqu'il
en partit pour regagner la France, il y laissa Judith et le
jeune roi Charles. Ceux-ci le rejoignirent bientôt. Mais
l'empereur étant mort le 20 juin, ils s'empressèrent de
revenir à Poitiers, au mois de juillet, afin de soutenir leur
parti fortement combattu par Pepin II. Convoqué à une
diète, à Bourges, Pepin, qui avait d'abord promis de s'y
rendre, prit les armes et essaya d'enlever de vive force cette
ville où Judith était réfugiée (août 840). Charles le Chauve
le repoussa. Mais Pepin fit une nouvelle tentative sur
Poitiers qui échoua (2).

La victoire de Charles le Chauve, à Fontanet (25 juin 841),
ne découragea point Pepin II, dont le parti était toutefois
en minorité et impuissant à Poitiers. Dans le Midi, au
contraire, il était redoutable. Charles le Chauve, ayant mis
le siège devant Toulouse, au mois de mai 844, une armée

(1) D. Bouquet, t. VI, 629.
(2) *Hist. des rois et ducs d'Aquitaine*, par de la Fontenelle. — *Le royaume d'Aquitaine sous les Carlovingiens*, par Mabille.

Franque marchant à son secours passa à Poitiers. L'évêque de cette ville, Ebrouin, l'un de ses plus solides partisans, plus homme de guerre que d'église, se joignit à elle pour prendre part à l'expédition. Pepin II la surprit et lui livra bataille près d'Angoulême, le 7 juin. L'armée Franque éprouva un désastre complet. Plusieurs comtes, Hugues, Ravan, Eckard, Gunthard, périrent ou furent pris. Ebrouin tomba entre les mains du roi d'Aquitaine qui ne le relâcha qu'au mois de décembre (1). Charles le Chauve, découragé, concéda par le traité de Fleury, à Pepin II, l'Aquitaine méridionale en se réservant le Poitou, la Saintonge et l'Angoumois. Il donna le titre de duc à Ranulfe, comte de Poitou (juin 845). Ce traité n'était sincère d'une part ni d'autre. On voit Pepin II faire acte de souveraineté en Poitou, accordant des diplômes aux abbayes de Saint-Florent-de-Montglonne et de Saint-Maixent, en mai 847 et mars 848. Charles, de son côté, n'agissait pas autrement. Cependant les Aquitains, irrités de ce que Pepin ne savait pas les défendre contre les incursions des Normands, reconnurent Charles pour leur roi, en 848. Celui-ci vint donc en Poitou, et le 8 juin 849, étant au palais du vieux Poitiers, confirma et augmenta les droits et privilèges de Saint-Florent-de-Montglonne, à la requête de Didon II, évêque de Poitiers. La trahison du comte des Vascons, qui lui livra son rival et neveu Pepin II, en 852, consolida momentanément son pouvoir (2).

(1) Annales de Saint-Bertin. — *Hist. des rois et ducs d'Aquitaine*, par de la Fontenelle, p. 265-266.

(2) Idem.

Les incursions des Normands devenaient plus menaçantes et désastreuses que jamais. Ranulfe, comte de Poitou, essaya de leur résister ; mais il fut battu par les barbares, à Brillac en bas Poitou, le 4 novembre 853 (1). La réapparition de Pepin II, échappé du monastère de Soissons, ranima la guerre civile en Aquitaine (854). Charles le Chauve crut pouvoir mieux réussir en donnant pour roi aux Aquitains, son jeune fils Charles, qui fut sacré à Limoges (855). Le règne de ce nouveau souverain fut inauguré par un succès. Les Normands de la Loire, débarquant de leurs navires, marchèrent à pied sur Poitiers. Les Aquitains les attendirent à un mille de la ville et leur infligèrent une telle défaite qu'il n'en échappa guère que trois cents (855) (2).

Cependant Pepin, ne gardant plus de mesure, s'allia aux pirates et dévasta avec eux la ville de Poitiers et autres pays de l'Aquitaine (857) (3). Ces excès ne lui profitèrent point ; mais le fléau de l'invasion Normande, compliqué des guerres civiles, continua ses affreux désastres. Les Bretons, chez lesquels il s'était réfugié, envahirent le Poitou qu'ils saccagèrent jusqu'à Poitiers (860) (4). Les Normands, revenant de nouveau à leur tour, en 863, sur cette malheureuse ville, incendièrent la basilique de Saint-Hilaire. La cité, protégée par son enceinte romaine, put arrêter les pirates et les éloigner en leur payant une forte rançon (5). C'était un appât qui ne manqua pas de les attirer de

(1) Chronique de Saint-Maixent, dite aussi de Maillezais.
(2) Annales de Saint-Bertin. — Chronique de Saint-Maixent.
(3) Annales de Saint-Bertin.
(4) Annales Mettenses, ap. D. Bouquet, VII. 190.
(5) Annales de Saint-Bertin. — Chronique de Saint-Maixent.

nouveau. En 865, ils reparurent devant Poitiers qu'ils incendièrent, puis regagnèrent sans être inquiétés leurs navires sur la Loire (1). Ces nouveaux ravages n'atteignirent sans doute que ce qui se trouvait placé en dehors des murs, tels que Saint-Hilaire, Saint-Cyprien et Sainte-Radégonde. Les moines de Saint-Hilaire arrachèrent le corps du grand évêque à l'incendie et le transportèrent au Puy-en-Velay, où il fut découvert en 1655 et restitué à Poitiers en 1657. Mais on ignore à quelle date précise eut lieu cette translation évidemment motivée par les violences des Normands (2). Une tradition rapporte qu'on enfouit les trésors dans l'église de Saint-Hilaire, près du tombeau du saint, et que les Normands ne les trouvèrent pas (3). Le corps de sainte Radégonde, d'après une autre tradition, aurait été caché à Saint-Benoit-de-Quinçay, puis rapporté dans son église où l'abbesse Béliarde le retrouva en 1012 profondément enfoui sous terre (4). Enfin les reliques de la cathédrale de Poitiers auraient été transportées au château d'Angle pour les dérober aux mêmes désastres (5).

Pepin II s'était rendu odieux par son alliance avec les Normands. Ranulfe, comte de Poitou, s'empara par ruse de sa personne et le conduisit à Charles le Chauve qui le fit reléguer à Senlis par une décision de la diète de Pistes.

(1) Annales de Saint-Bertin. — Chronique de Saint-Maixent.

(2) *Dissert. sur les reliques de Saint-Hilaire*, par Gaillard, ap. Bull. des Antiq. de l'Ouest, t. I.

(3) *Chronicon Francorum*, f. Colbert, extrait par Peigné-Delacourt, ap. *les Normands dans le Noyonnais,*

(4) Bouchet, *Annales d'Aquitaine*, p. 110. — *Bull. des Antiq.* 1847-49.

(5) Bouchet, 111.

Pepin mourut peu de temps après, dans des circonstances ignorées (865). L'un de ses adversaires les plus décidés en Aquitaine, Ebrouin, l'ancien évêque de Poitiers, abbé de Saint-Hilaire, avait péri de mort violente quelque temps auparavant. Une tradition rapporte qu'il fut tué par les Normands, d'autres par les Poitevins, c'est-à-dire très probablement par le parti de Pepin II, allié des Normands, lors d'une des attaques des pirates contre la ville. Ebrouin fut enseveli au monastère de Saint-Cyprien, où son tombeau et son épitaphe furent plus tard découverts (1).

Le jeune Charles, demeuré seul roi d'Aquitaine, vainquit les Normands sur la Charente. Après sa mort prématurée survenue à Buzançais, Charles le Chauve lui donna pour successeur son autre fils Louis (866). Ranulfe, comte de Poitou, dont on ignore le rôle dans la défense de Poitiers contre les Normands, prit part à la grande campagne ouverte en Anjou, en 867, contre ces pirates, par le célèbre Robert le Fort. Vainqueurs à Séronne, sur la Sarthe, ils furent malheureusement tués à Brissarthe. Charles le Chauve donna le comté de Poitou à Ranulfe II, fils de Ranulfe Ier, mais il ne lui conserva pas l'abbaye de Saint-Hilaire, possédée par son père dès 862. Il la donna à Ecfrid, puis à Frotaire, archevêque de Bordeaux (867-868) (2).

Les Normands revinrent pour la troisième fois attaquer Poitiers, en 868. Plus courageux ou plus heureux qu'en

(1) Bouchet, *Annales d'Aquitaine*, p. 106. — *Hist. des rois et ducs d'Aquit.*, par de la Fontenelle.

(2) *Le royaume d'Aquitaine sous les Carlovingiens*, par Mabille. — Annales de Saint-Bertin.

863 et 865, les Poitevins les assaillirent et les mirent en déroute. La dîme du butin conquis fut offerte à Saint-Hilaire, dont ils avaient invoqué la protection (1).

Ranulfe II, comte de Poitou, avait deux frères, Ebles, abbé séculier de Saint-Hilaire, en 886, et Gausbert, qualifié du titre de comte. Il demeura paisible possesseur de son gouvernement durant les règnes de Louis le Bègue et de ses fils Louis III et Carloman. Mais en 888, Eudes, comte de Paris, ayant été proclamé roi au détriment de Charles le Simple, fils posthume de Louis le Bègue, le comte de Poitou, de concert avec Guillaume le Pieux, comte d'Auvergne, son cousin, refusa de le reconnaître. Il se fit même, paraît-il, proclamer roi d'Aquitaine, à Poitiers, par les comtes des provinces voisines. Le roi Eudes vint en Aquitaine dans les premiers jours de l'année 889. Ranulfe, qui s'était retiré près de Guillaume le Pieux, vint au devant de lui avec ses partisans et le jeune Charles le Simple qui pouvait être pour Eudes un rival redoutable. Un arrangement intervint. Ranulfe prêta serment au roi Eudes, qui s'empressa de regagner la France, menacée par les Normands. Le roi n'avait guère confiance en sa fidélité. Il l'attira à sa cour et le fit empoisonner (890). L'épouse du comte de Poitou, nommée Adda, lui survécut. Elle se fit religieuse et fut ensevelie à Saint-Hilaire-de-Poitiers, où son épitaphe a été retrouvée (2).

(1) Annales de Saint-Bertin.
(2) Annales Vedastini. — Chronique de Saint-Maixent. — *Le royaume d'Aquitaine sous les Carlov.*, par Mabille. — *Hist. des rois et ducs d'Aquitaine*, par de la Fontenelle.

Ranulfe II avait laissé à Poitiers son jeune fils Ebles Manzer, qui recueillit sa succession. Il l'avait confié aux soins de Géraud, comte d'Aurillac, et de Guillaume le Pieux, comte d'Auvergne. Ebles Manzer se trouvait à Poitiers le 10 octobre 890. Ses oncles Gausbert et Ebles, abbé de Saint-Hilaire, prenant en main sa cause, se prononcèrent contre le roi Eudes, qui prétendait donner le comté de Poitou à son propre frère Robert. D'un autre côté, Adhémar, fils de Bernard et neveu d'Emenon, autrefois comte de Poitou, prétendait avoir des droits sur ce comté. Le roi Eudes crut habile d'opposer Adhémar à Ebles Manzer. Il le nomma comte de Poitou et vint à Poitiers pour le soutenir, en 892. L'abbé Ebles et Gausbert, se retirèrent et moururent en combattant en Limousin (893). Le jeune Ebles Manzer s'était réfugié en Auvergne. Adhémar demeura donc maître de Poitiers, et le roi Eudes, à sa demande, donna l'abbaye de Saint-Hilaire à Egfrid, évêque de Poitiers. Eudes fut obligé de quitter rapidement le pays quand il apprit la proclamation de son compétiteur Charles le Simple, le 28 janvier 894 (1)

Le nouveau comte Adhémar entreprit une guerre malheureuse contre Géraud, comte d'Aurillac, protecteur du jeune Ebles Manzer, dont le parti était demeuré puissant en Poitou. Toutefois, il n'eut rien à en redouter jusqu'à la mort du roi Eudes, en 898. L'avènement de Charles le Simple changea la situation. Une conspiration s'ourdit

(1) Annales Vedastini. — Chronique de Saint-Maixent. — *Le royaume d'Aquitaine sous les Carlov.*, par Mabille. — *Hist. des rois et ducs d'Aquitaine*, par de la Fontenelle.

à Poitiers, en faveur d'Ebles Manzer. Pendant une nuit de l'année 902, il pénétra dans la ville et s'empara du pouvoir qui lui fut confirmé par le roi Charles. Adhémar y renonça sans résistance et mourut le 21 mars 926. Il fut inhumé à Saint-Hilaire (1).

Le comte Ebles Manzer marcha au secours de Chartres, assiégé par les Normands, en 911, et prit part à la journée du 20 juillet qui délivra la ville. Veuf d'Emilianne, en 913, il contracta un nouveau et riche mariage avec Adèle, fille d'Edouard l'Ancien, roi des Anglo-Saxons. En 927 ou 928, il hérita du comté d'Auvergne et du Limousin, par la mort d'Acfred II, et prit le titre de duc d'Aquitaine. Il mourut en 935. La comtesse Adèle, qui lui survécut, reconstruisit la basilique de Saint-Hilaire ruinée par les Normands. Elle confia ce travail à un architecte nommé Gautier-Coorland. Quelques portions de cet édifice, notamment la base du clocher, remontent très probablement à cette époque. Pour prévenir le retour des désastres accomplis par les Normands toujours menaçants, puisqu'ils ravageaient encore le Limousin, où le roi Raoul les battit en 930, on entoura l'abbaye de Saint-Hilaire, alors transformée en chapitre, d'un mur de fortifications. Cet ouvrage fut exécuté vers 940, par les soins d'Ebles, fils du comte Ebles Manzer. Ebles était le frère de Guillaume tête d'Etoupes, comte de Poitou, qui lui donna les abbayes de Saint-Hilaire et de Saint-Maixent. Il devint aussi évêque de Limoges et l'un des

(1) Annales Vedastini. — Chronique de Saint-Maixent. — Le royaume d'Aquitaine sous les Carlov., par Mabille. — Hist. des rois et ducs d'Aquitaine, par de la Fontenelle.

puissants personnages de son temps. On ne connaît pas le périmètre de cette muraille qui n'existe plus depuis longtemps et que la construction de la grande enceinte urbaine au xiiᵉ siècle rendit complètement inutile (1).

La comtesse Adèle, devenue veuve, avait résolu de se faire religieuse. Elle fonda à Poitiers pour s'y retirer le monastère de la Trinité. Elle créa en outre un chapitre de chanoines dans l'église voisine de Saint-Pierre-le-Puellier, où existait une petite communauté remontant à la légendaire Sainte-Loubette. Le chapitre fut placé sous la dépendance de l'abbaye de la Trinité, ainsi que son annexe Notre-Dame l'Ancienne. Une charte du roi Lothaire, de 962, et une bulle du pape confirmèrent cette fondation. Adèle, décédée le 28 octobre d'une année indéterminée, fut ensevelie à la Trinité (2).

---

(1) *Hist. des rois et ducs d'Aquitaine.* — Chronique de Saint-Maixent. — *Essai hist. sur Saint-Hilaire-de-Poitiers*, par de Longuemar. — *Étude sur l'ancien clocher de Saint-Hilaire*, par Ed. Aubert. — Richer, liv. I.

(2) Thibaudeau, *Hist. du Poitou*, t. I, 206, 2ᵉ éd. — Dufour, *de l'ancien Poitou et de sa capitale*, 373. — *Hist. des rois et ducs d'Aquitaine*, 462.

CHAPITRE IV

LES COMTES DE POITOU

Guillaume tête d'Étoupes, fils d'Ebles Manzer, lui succéda sans opposition en 935. L'évêque Frottier II, rétabli par lui sur son siège d'où l'avait chassé son père, releva de ses ruines l'abbaye de Saint-Cyprien. Théotolon, évêque de Tours, vint en consacrer l'église au mois de septembre 936. Frottier, qui venait de mourir, y fut enseveli (1). Son successeur, Alboin, consacra le 12 novembre 937 l'église de la Résurrection, bâtie récemment par un chanoine de la cathédrale et voisine de la Trinité (2).

Le comte Guillaume tête d'Étoupes se déclara pour le roi Louis d'Outre-Mer, que le duc de France, Hugues, cherchait à détrôner. Il marcha à son secours à Laon (940).

(1) Thibaudeau, *Hist. du Poitou*, t. I. 206, 2ᵉ éd. — Dufour, *de l'ancien Poitou et de sa capitale*, 373. — *Hist. des rois et ducs d'Aquitaine*, 462.

(2) Dufour, *de l'ancien Poitou*, p. 372.

Louis, de plus en plus pressé par ses ennemis, vint à Poitiers avec son fidèle partisan. Le 5 janvier 942, il signe, sur sa demande et celle de son frère Ebles, un diplôme en faveur du chapitre de Saint-Hilaire (1). Guillaume, toujours fidèle au roi Louis, vint le trouver à Mâcon en 950, et en reçut le comté d'Auvergne et le titre de duc d'Aquitaine (2). Après la mort de Louis d'Outre-Mer (10 sept. 954), le duc de France, Hugues, protecteur intéressé du jeune roi Lothaire, fils de Louis, voulut se venger du comte de Poitou et s'emparer de ses Etats. Il entraîna Lothaire à la tête d'une armée et vint mettre le siège devant Poitiers, au mois d'avril 955. Le comte Guillaume, auquel il avait envoyé en vain des députés, ne s'y trouvait point, mais il avait sans doute pourvu à sa défense, car les habitants résistèrent vigoureusement. Le comte Rainold, l'un des chefs de l'armée royale, parvint néanmoins à emporter d'assaut par surprise le bourg fortifié de Sainte-Radégonde, contigu à la cité que son enceinte romaine sauva encore une fois. Il l'incendia ; mais là se borna son succès. L'armée, fatiguée par un siège de deux mois, battit en retraite. Le comte Guillaume, qui avait réuni des troupes en Auvergne, saisit ce moment pour se mettre à sa poursuite. C'était une imprudence. Hugues et Lothaire, acceptèrent la bataille et demeurèrent vainqueurs. Guillaume échappa avec peine dans la déroute. Ils reparurent alors devant Poitiers. Les habitants découragés demandèrent en se soumettant que leur ville ne fut pas occupée par l'armée. Hugues et

(1) Flodoard. — Chartes de Saint-Hilaire.
(2) Flodoard. — Richer, liv. II. — Hugues de Fleury.

Lothaire y consentirent, reçurent des otages et rentrèrent en France (1).

Cette expédition n'ébranla point l'indépendance du comté de Poitou. Cependant Guillaume tête d'Étoupes, dégoûté des grandeurs, abdiqua en 962, et se fit moine à Saint-Cyprien-de-Poitiers. Il se retira ensuite dans l'abbaye de Saint-Maixent, où il mourut le 3 avril 963. Il fut rapporté et inhumé à Saint-Cyprien. Sa veuve, Gerloc ou Héloïse de Normandie, fut ensevelie à la Trinité de Poitiers (2).

Guillaume II, dit Fier-à-Bras, fils et successeur de Guillaume tête d'Étoupes, avait épousé, vers 957 environ, Emma, fille de Thibaut le Tricheur, comte de Blois et de Tours. Cette union fut malheureuse et profondément troublée. Une guerre avec Geoffroi Grisegonelle, comte d'Anjou, fit perdre au comte de Poitou le pays du Loudunais, concédé toutefois sous condition de l'hommage féodal. Geoffroi, dont l'abbesse de Sainte-Croix, Ermengarde, avait invoqué l'appui, était venu à Poitiers, au mois d'avril 976. Il jura sur la vraie croix de défendre les biens du monastère situés dans ses domaines. Le comte de Poitou ne voulut pas reconnaître le nouveau roi Hugues Capet, dont il était pourtant le beau-frère. Celui-ci vint, paraît-il, assiéger Poitiers. Mais les deux adversaires ne tardèrent pas à faire la paix (989) (3).

(1) Chronique de Frodoard, — Richer, liv. III. — Chron. de Saint-Maixent. — Cartul. de Saint-Maixent..

(2) *Hist. des rois et ducs d'Aquitaine.*

(3) Chronique de Saint-Maixent. — Thibaudeau, *Hist. du Poitou.* — *Introd. aux chron. des comtes d'Anjou,* par Mabille. — *Hist. de Guillaume IX,* par Palustre.

4

Guillaume Fier-à-Bras fonda au mois de janvier 989 un
hôpital, dans le bourg de Saint-Hilaire, qu'il dota de terres,
situées à Chilvert et à Vouneuil. Il en confia la direction
à un prêtre nommé Siébert. Cet hôpital n'est autre que
celui de Saint-Pierre l'Hospitalier, désigné par une inscription d'Alcuin à la fin du viiie siècle. La donation de
Guillaume l'aura rétabli et augmenté. Guillaume était abbé
séculier de Saint-Hilaire, pendant que son oncle Ebles,
évêque de Limoges, en était trésorier. Tous deux comblèrent
de biens le chapitre. Depuis cette époque, les comtes de
Poitou furent toujours abbés de Saint-Hilaire. Les trésoriers
en avaient l'administration et la direction effective (1).

Une guerre avec le bouillant Aldebert, comte de la
Marche et de Périgord, amena ce prince jusque sous les
murs de Poitiers. Les habitants ayant fait une sortie
imprudente, Aldebert leur infligea une sanglante défaite,
puis marcha sur Tours, dont il s'empara avec son allié
Foulques Nerra (990) (2). Le comte Guillaume Fier-à-Bras,
que de nouvelles dissensions avec son épouse Emma,
abreuvaient de chagrin, se retira au monastère de
Saint-Maixent, où il mourut le 3 février 994. Son fils,
Guillaume III, continua la guerre avec Aldebert qui avait
détruit le château de Gençais. Il le fit reconstruire, et
Aldebert, étant revenu l'assiéger, y périt d'un coup de
flèche. Boson, frère d'Aldebert, essaya en vain de prendre
Poitiers et alla assiéger Gençais. Mais le comte Guillaume

(1) Chartes de Saint-Hilaire, t. I, 54. — *Les inscriptions d'Alcuin*,
par l'abbé Largeault.
(2) Adhémar de Chabannais. — Besly, *comtes de Poitou*.

marcha sur le château de Rochemeaux, et Boson, étant
venu pour le dégager, engagea un combat qui lui fut
défavorable. Fait prisonnier par Guillaume, il fut envoyé
sous bonne garde à Poitiers. Guillaume s'empara de
Rochemeaux où il trouva la femme de son rival, Adelmodis,
qu'il renvoya généreusement. Il relacha aussi Boson.
Cependant il fallait abattre ce voisin et vassal dangereux.
Guillaume demanda le secours du roi Robert. Ils assiégèrent
ensemble Boson dans Bellac. Mais le succès ne couronna
pas leurs efforts (997). La mort du comte de la Marche,
ramena seule la paix. Le comte de Poitou épousa Adelmodis,
veuve d'Aldebert, et consolida définitivement son pouvoir
suzerain sur la Marche et le Limousin (1).

Guillaume III, surnommé le Grand, dont l'histoire n'a
point ici sa place, fut un des princes les plus justement
considérés de son siècle. Adhémar de Chabannais en a laissé
un long éloge. Tous les rois contemporains entretenaient
avec lui des relations amicales. Guillaume faisait souvent
le pélerinage de Rome ou celui de Saint-Jacques-de-
Compostelle. Son instruction, supérieure à celle des autres
grands seigneurs, lui faisait rechercher la société de tous
les savants. Le célèbre Fulbert, évêque de Chartres, fut
nommé par lui trésorier de Saint-Hilaire-de-Poitiers, en
1019. Une active correspondance s'établit entre eux. Le
comte de Poitou, connut et admira beaucoup Odilon, abbé
de Cluny. Il donna l'abbaye de Saint-Maixent à un moine
instruit, Rainaud, dit Platon. Les nombreuses affaires

(1) Adhémar de Chabannais. — Pierre de Maillezais. — Besly. —
Chronique de Saint-Maixent, ap. D. Bouquet IX, 181.

publiques auxquelles il était obligé de veiller ne l'empêchaient pas de se livrer à l'étude, même pendant la nuit.
Il avait créé une bibliothèque dans son palais de Poitiers,
et parmi les livres qu'il y avait réuni, on peut citer un ancien
manuscrit en lettres d'or envoyé par le roi Canut d'Angleterre (1).

En 1018 un grand incendie consuma une partie de la ville
de Poitiers. Plusieurs églises, notamment Saint-Pierre la
cathédrale, avaient été anéanties. Le palais des comtes
n'avait pas davantage échappé au désastre. Guillaume les
reconstruisit avec plus de luxe qu'auparavant. C'est alors,
sans doute, ou peu de temps après, que fut commencée la
vaste et imposante salle du palais, continuée et certainement
achevée au XIIe siècle. La cathédrale, relevée aussitôt après
l'incendie, fut consacrée le 15 octobre 1021, par l'évêque
Isembert.

Le roi Robert, que le duc d'Aquitaine aimait beaucoup,
passa à Poitiers en 1010, au retour de la grande cérémonie
religieuse qui eut lieu à Saint-Jean-d'Angély, à l'occasion
de la découverte du prétendu chef de Saint-Jean-Baptiste.
Il y reçut de ce vassal presque aussi puissant que lui une
hospitalité royale. Guillaume aurait même pu devenir
empereur d'occident. En 1024, les grands seigneurs
Lombards vinrent à Poitiers lui offrir la couronne, mais
il eut la prudence de la refuser (2)

Les affaires religieuses ne préoccupaient pas moins le

---

(1) Adhémar de Chabannais. — *Hist. littéraire*, t. VII. — Besiy.

(2) Adhémar de Chabannais. — Chron. Vezelay, ap. Bouquet X, 322. —
Hist. de la cathédrale de Poitiers, par l'abbé Auber.

duc que les affaires civiles. Un concile, réuni à Poitiers
le 13 janvier de l'an 1000, sous la présidence de Seguin,
archevêque de Bordeaux, décréta des mesures rigoureuses
contre les violateurs de la paix publique et les ravisseurs
des biens ecclésiastiques. Un autre concile, tenu également
à Poitiers, en 1023, discuta sans résultat la question de
l'apostolicité de saint Martial. Le duc montra à cette
occasion le manuscrit qu'il avait reçu du roi Canut et dans
lequel le saint était qualifié du titre d'apôtre (1). Un troisième
concile réuni dans la même ville, peu de temps après sa
mort, en 1032, ordonna la restitution des biens ecclésiastiques si souvent ravis par les seigneurs (2).

Le duc Guillaume le Grand avait épousé, en secondes
noces, Brisque de Gascogne, et enfin en troisièmes noces,
Agnès de Bourgogne. Après sa mort, arrivée le 31 janvier
1030, à Maillezais, sa veuve, qui n'aimait point le nouveau
comte de Poitou, Guillaume IV le Gros, issu du premier
mariage, se hâta d'offrir sa main à Geoffroi Martel, comte
d'Anjou, l'ennemi de la maison de Poitiers. Une guerre ne
tarda pas à éclater. Guillaume, vaincu et fait prisonnier par
Geoffroy à la bataille de Saint-Jouin, le 20 septembre 1034,
ne fut relaché qu'au bout de trois ans. Mais il fallut payer
une grosse rançon que son épouse Eustache et l'évêque de
Poitiers Isembert eurent beaucoup de peine à réunir en
recourant aux trésors des monastères. Cet évêque rassembla
un synode à Poitiers, en 1036, dans le but de travailler à la

(1) Hist. des Conciles, par Héfelé VI, 233-259. — *Histoire de la
cathédrale*, 27, 43.

(2) Chronique de Saint-Maixent.

paix publique si souvent troublée par ces lamentables guerres féodales. On y fit des règlements probablement semblables à ceux de la Trève de Dieu, naguère proclamée, en 1031, au concile de Limoges. A peine le duc Guillaume IV était-il sorti de captivité, qu'il succomba (1037). Son épouse le suivit de près dans la tombe. Il fut enseveli dans l'abbaye de Maillezais, près de son père et la duchesse Eustache, à Notre-Dame-de-Poitiers (1).

L'ambitieuse Agnès était au comble de ses vœux. De concert avec son époux Geoffroi Martel, elle gouvernait le comté de Poitou au nom de ses fils. Pourtant il fallut bien le remettre à l'aîné, Guillaume V le Hardi, qui parvenait à sa majorité. En 1044, elle convoqua à Poitiers tous les grands vassaux du pays et leur fit reconnaître comme duc son fils aîné. Mais elle n'en conserva pas moins la même influence. Répudiée plus tard par son mari, elle poussa son fils à lui faire la guerre. Le comte de Poitou assiégeait Geoffroy Martel dans Saumur, lorsqu'il fut frappé d'une maladie qui le ramena à Poitiers et à laquelle il succomba (1058) (2).

La comtesse Agnès fit reconstruire sur un plan plus vaste la basilique de Saint-Hilaire-de-Poitiers. La dédicace en fut faite le 1er novembre 1049 dans une cérémonie pompeuse et solennelle, à laquelle prirent part treize évêques. Le même jour, de concert avec le duc, elle *restitua au chapitre* l'église de Notre-Dame-de-la-Chandelière (3). Agnès fonda

(1) Chronique de Saint-Maixent.

(2) Chronique de Saint-Maixent. — *Hist. de Guillaume IX,* par Palustre.

(3) Chronique de Saint-Maixent. — Chartes de Saint-Hilaire.

également à Poitiers, vers l'an 1050, une nouvelle église dédiée à Saint-Nicolas, située près du Marché-Vieux, actuellement la Place-d'Armes, et non loin des murs de la ville, ce qui démontre l'existence encore complète de l'enceinte romaine au xiᵉ siècle. Elle y établit un chapitre de chanoines et créa en outre un hôpital devant la porte de cette église, sur la place du Marché-Vieux (1). Enfin elle créa dans le but de défendre la ville, un grand étang, formé et traversé par la Boivre, au nord-ouest, dont la chaussée est devenue plus tard la rue de la Chaussée. Cet étang ne devait pas tarder à être donné à l'abbaye de Montierneuf et à prendre son nom (2).

Guillaume VI, connu aussi sous le nom de Gui-Geffroi, succéda à son frère, Guillaume V, en 1058. Il releva le prestige du duché d'Aquitaine et celui de sa propre autorité dans le comté de Poitou. Vainqueur du sire de Lusignan (8 octobre 1060), il reconquit la Saintonge, sur les comtes d'Anjou (1062), malgré la défaite qu'il avait d'abord essuyé à Chef-Boutonne, le 21 mars 1061. Puis il alla imposer son pouvoir suzerain en Gascogne (1063), et appelé par le comte de Barcelonne, il courut jusqu'en Espagne prendre part à la victoire de Barbastro, remportée par les chrétiens sur les musulmans de Saragosse (1065). En 1068, le 28 mai, il prit Saumur sur les comtes d'Anjou, Foulques et Geoffroi, divisés par des luttes intestines (3).

(1) Cartulaire de Saint-Nicolas. — Chronique de Saint-Maixent.

(2) Charte de 1199, ap. *Rotuli Chartarum*, I, 8, 9.

(3) *Hist. de Guillaume IX*, par Léon Palustre ap. Mémoires des Antiq. de l'Ouest.

Le mariage de Guillaume VI, avec Aldéarde de Bourgogne, sa parente, contracté en 1068, lui causa les plus
graves embarras, car six ans après, le pape Grégoire VII,
instruit de la situation par Goscelin de Parthenay,
archevêque de Bordeaux et trésorier de Saint-Hilaire, voulut
le faire rompre. Le pape, en soumit l'examen à un synodé,
réuni en 1074, au mois d'avril, à Saint-Hilaire-de-Poitiers,
sous la présidence de l'archevêque de Bordeaux et de son
légat, Amat, évêque d'Oloron. L'évêque de Poitiers,
Isembert II, partisan du duc et irrité contre Josselin, qui
avait fait placer le chapitre de Saint-Hilaire sous la
protection et juridiction du Saint-Siège, par bulle du
22 avril 1074, eut recours aux violences les plus blâmables
pour paralyser les décisions de l'assemblée. Il réunit des
gens armés, qui, pénétrant dans l'église, maltraitèrent les
pères du concile et les dispersèrent. Le pape, par lettre du
9 septembre 1074, l'ajourna à Rome au 30 novembre, afin
de rendre compte de sa conduite devant un synode, sous
peine de déposition. Il écrivit en même temps au duc
Guillaume. Mais celui-ci, beaucoup moins violent et plus
habile, s'était séparé de son épouse, demandant toutefois
à rentrer avec elle jusqu'au futur synode. Aussi le pape le
félicite-t-il dans sa lettre de sa soumission, tout en regrettant
de ne pouvoir condescendre à son désir. Guillaume partit
pour Rome, en 1075, et fit auprès du pape tous ses efforts
pour empêcher le divorce, promettant de fonder un grand
monastère au profit de l'ordre de Cluny, qui était entre les
mains de Grégoire VII, le plus puissant instrument de la
réforme si nécessaire du clergé de cette époque. L'affaire
n'eut donc pas d'autre suite. Quant à l'évêque de Poitiers,

le pape le fit interdire par son légat, Géraud d'Ostie, et par lettre du 15 novembre 1075, confia à l'archevêque Josselin, l'administration du diocèse, et au comte de Poitou, le soin de rendre la justice. Cette mesure sévère amena sa soumission. La même année, un autre concile fut tenu à Poitiers par le légat Géraud, pour examiner les doctrines hérétiques du fameux Bérenger, archidiacre d'Angers. Bérenger, ayant nié le dogme de la présence réelle et traité d'hérétique Saint-Hilaire dont on lui opposait la doctrine, manqua d'être massacré (1).

Le comte de Poitou, fidèle à la promesse qu'il avait faite au pape, s'empressa de fonder à Poitiers, dès 1075, un grand monastère dédié à Saint-Jean l'évangéliste. et destiné à l'ordre de Cluny, dont l'illustre saint Hugues était alors abbé. Ce nouveau monastère, *monasterium novum*, appelé communément depuis *Moustier neuf, Moutierneuf et Montierneuf*, fut placé au nord de la ville, près des moulins de Chasseignes, sur le bord du Clain. Le roi Philippe 1er, qui vint à Poitiers cette année même 1075, demander au comte de Poitou des secours contre le duc de Normandie, confirma le nouvel établissement.

L'importante dotation constituée en sa faveur par Guillaume VI, le 28 janvier 1077, comprenait notamment : le bourg existant dans le lieu même où il se construisait ; le faubourg neuf situé au delà du Clain, avec le péage du pont neuf qui y conduisait, faubourg et pont connus depuis sous le nom de Rochereuil ; l'étang, créé naguère par la

(1) Besly, *comtes de Poitou*. — *Hist. des conciles*, par Hefelé, t. VI. — Chartes de Saint-Hilaire-de-Poitiers. — Chronique de Saint-Maixent. — *Hist. de Guillaume IX*, par Palustre.

comtesse Agnès, avec les moulins, étang connu depuis sous
le nom de Montierneuf ; le droit d'acquérir des terrains
jusqu'aux murs de la ville, c'est-à-dire la vieille enceinte
romaine existant encore sur le coteau, et dominant tout ce
quartier ; le droit de pêche dans le Clain, depuis les moulins
de Chasseignes, jusqu'aux moulins de Lessart ; enfin le
faubourg Saint-Saturnin, habité par des tanneurs. La
construction du monastère, donné dès l'origine à Saint-
Hugues de Cluny, fut confiée à un moine nommé Ponce.
Elle n'était pas encore terminée à la mort du duc Guillaume VI. L'évêque Isembert II et le duc réunirent à
Montierneuf, en 1081, le petit monastère de Saint-Paul-de-
Poitiers, dont l'origine remontait au delà du xᵉ siècle, avec
ses dépendances, les églises de Saint-Germain, de Saint-
Cybard et de Notre-Dame-du-Palais, aussi appelée Notre-
Dame-la-Petite. En 1086, ils y ajoutèrent Saint-Nicolas,
dont les chanoines menaient une vie scandaleuse. Le
22 janvier 1082, dix-huit moines de Cluny, conduits par le
prieur Guy, vinrent prendre possession de Montierneuf (1).

Le pape Grégoire VII, par lettre du mois de novembre
1075, avait prié le duc d'Aquitaine de faire des représentations au roi Philippe Iᵉʳ, sur sa conduite scandaleuse et
ses actes tyranniques envers les églises, ajoutant qu'il se
verrait obligé de l'excommunier s'il persévérait dans cette
voie. Le roi, tout en ne résistant pas ouvertement, n'en
tint aucun compte, et s'efforça d'empêcher la réunion des
synodes, provoqués partout par Grégoire VII, pour la

---

(1) *Mémoire sur l'abbaye de Montierneuf*, par de Chergé. — *Layettes
du trésor des chartes, t. I, nᵒ* 20.

réforme du clergé. Hugues de Dié, légat du pape, étant
venu présider un de ces synodes à Poitiers, le 15 janvier
1079, fut en butte aux difficultés les plus graves. L'assemblée
réunie le premier jour à Saint-Pierre fut troublée et
dispersée par d'affreuses violences. L'archevêque de Tours,
et l'évêque de Rennes, prélats simoniaques et rebelles,
introduisirent dans l'église des gens armés qui maltraitèrent
et blessèrent brutalement plusieurs évêques. Le synode,
réuni le lendemain à Saint-Hilaire, ne fut guère plus
paisible. Il put néanmoins publier dix canons contre la
simonie, le concubinage et les mœurs violentes du clergé,
lèpre honteuse et persistante que Grégoire VII voulait
à tout prix extirper. Deux autres synodes, relatifs aux
mêmes réformes et auxquels assista le duc d'Aquitaine, se
tinrent à Bordeaux, en 1079 et 1080 (1).

En 1079, au mois d'octobre, le duc Guillaume VI, qui
venait de triompher du comte de Toulouse dans une
campagne aussi rapide que brillante, fit une entrée solennelle
dans sa capitale de Poitiers. Nous n'avons point à le suivre
dans les autres actes de sa carrière étrangers à l'histoire de
cette ville (2).

Le 18 octobre 1083, un tremblement de terre jeta
l'épouvante à Poitiers. Un incendie, qui en fut probablement
la conséquence, dévora le bourg et l'église de Sainte-
Radégonde. Cet édifice si vénéré, fut aussitôt reconstruit,
et on en célébra la dédicace le 18 octobre 1099. C'est celui

(1) Besly. — *Hist. des conciles*, par Hefelé, t. VI, 569, 570, 609. —
Chronique de Saint-Maixent. — *Hist. de Guillaume IX*, par Palustre.
(2) *Hist. de Guillaume IX*, par Palustre.

qui subsiste encore, abstraction faite de la nef et de la partie
supérieure de la tour renouvelées au xiie siècle (1).

Guillaume VI, mourut à Chizé, le 24 septembre 1086.
Son corps fut rapporté à Montierneuf de Poitiers, et
enseveli dans la nef, où les moines lui élevèrent un tombeau
plusieurs fois renouvelé. Lors de l'ouverture de ce tombeau
faite en 1822, on constata qu'il n'avait jamais été violé.
Le squelette du duc, encore revêtu de ses habits et de la
cuculle monacale, était intact. On le referma religieusement
sans rien déranger. La même année 1086, mourut
Isembert II, évêque de Poitiers, qui fut enseveli à Saint-
Cyprien (2). Un autre personnage marquant, Josselin,
archevêque de Bordeaux et trésorier de Saint-Hilaire,
mourut également cette même année. Il avait autrefois,
en mai 1068, donné à l'abbaye de Bourgueil, l'église
de Saint-Porchaire de Poitiers, au nom du chapitre
de Saint-Hilaire, auquel elle appartenait, du consen-
tement du comte et de l'évêque. La belle et curieuse tour
romane de Saint-Porchaire est une construction de cette
époque (3).

Guillaume VIIe du nom, comme comte de Poitiers, et
IXe, comme duc d'Aquitaine, était très jeune lorsqu'il
succéda à son père, Guillaume VI, en 1086. Lorsque le
pape Urbain II vint au concile de Clermont prêcher
la croisade, le duc se rendit à cette célèbre assemblée
(1095). Sur ses sollicitations, le pape se dirigea sur Poitiers

(1) Chronique de Saint-Maixent.
(2) *Mém. sur Montierneuf.* — Chron. de Saint-Maixent.
(3) Chartes de Saint-Hilaire, t. I.

par Limoges et Charroux. Le 21 janvier 1096, il était arrivé à Poitiers, et consacrait la grande église de Montierneuf, dont la construction venait de se terminer. Ce fut une fête splendide à laquelle assistèrent une foule de prélats et de personnages de tous rangs, parmi lesquels le vénérable Hugues de Cluny, le principal promoteur de la fondation de l'abbaye. Une inscription qui subsiste encore dans l'église a conservé le souvenir de cet événement mémorable. Le 6 février, Urbain II partit de Poitiers pour aller à Angers, Vendôme et Tours. Il repassa à Poitiers, au mois d'avril, et pendant son séjour il apaisa des démêlés très vifs survenus au sujet de l'église de Saint-Nicolas, entre les moines de Montierneuf et les chanoines de Saint-Hilaire. Il réprima vertement ces derniers qui avaient défendu leurs droits avec une âpreté peu commune (14 avril 1096) (1).

Le duc d'Aquitaine, retenu par l'inquiétude assez motivée que lui causaient la turbulence de plusieurs de ses vassaux et l'ambition de ses voisins, et aussi peut-être quelque peu indifférent, ne crut pas devoir prendre part à la grande expédition qui amena la conquête de Jérusalem par les chrétiens. Aussi n'y eut-il qu'un nombre relativement restreint de Poitevins qui s'enrôlèrent dans cette première croisade. Mais la nouvelle de la prise de Jérusalem (1099) fit naître en son âme de profonds regrets. L'amour de la gloire plus que l'enthousiasme religieux lui inspira la résolution d'entreprendre à son tour ce hardi et périlleux voyage. Il prit donc solennellement la croix à Limoges et

(1) *Hist. de Guill. IX.* — *Mémoire sur l'abbaye de Montierneuf.*

la plupart des seigneurs poitevins suivirent son exemple (1100) (1). Mais avant son départ, un synode convoqué à Poitiers par deux légats du pape pour le 18 novembre 1100 jeta quelque trouble entre lui et l'autorité ecclésiastique. L'assemblée réunie dans la cathédrale comptait quatre-vingts évêques ou abbés, d'autres disent cent quarante parmi lesquels le célèbre Robert d'Arbrisselle. Elle régla plusieurs affaires litigieuses dont la plus délicate, la séparation du roi Philippe Ier et de Bertrade de Montfort, souleva une tempête. Ce prince ayant persisté, malgré ses promesses, dans ses relations adultères, le synode prononça l'excommunication. Le duc Guillaume qui se trouvait dans un cas presque semblable, puisqu'il avait épousé Philippa de Toulouse après avoir répudié la fille du comte d'Anjou, avait supplié l'assemblée de ne pas user d'une semblable sévérité. Voyant que ses représentations ne triompheraient pas de la résolution des évêques, il sortit de l'église en proférant des menaces et entraînant avec lui ceux qui avaient pris son parti. Un instant après, des hommes probablement soudoyés, lancèrent des pierres sur les légats. Il s'en suivit un tumulte indescriptible au milieu duquel plusieurs évêques témoignèrent d'un sang-froid et d'une énergie remarquable. Toutefois, malgré ce pénible incident, le synode put terminer ses travaux (2).

Le duc Guillaume VII, que le désir de se faire pardonner ce scandale ne pouvait que confirmer dans sa résolution,

---

(1) Chronique de Saint-Maixent.

(2) *Histoire des conciles*, par Hefelé, t. VII, 71, 72. — *Hist. de la cathédrale de Poitiers*, par l'abbé Auber. — Besly.

partit pour la Terre-Sainte, au mois d'avril 1101, à la tête
de soixante mille hommes. Cette armée, réunie à celles
d'autres princes de France et d'Allemagne, éprouva un
sanglant désastre en Asie Mineure et le petit nombre
d'hommes qui y échappèrent parvinrent enfin à Jérusalem
et combattirent à la bataille de Rama (26 mai 1102) (1).

De retour en Poitou, le comte retrouva la guerre avec la
maison d'Anjou, cette vieille ennemie de sa famille.
Menacé par Geoffroi II Martel, il songea à mettre sa ville
de Poitiers à l'abri d'une surprise. Il construisit dans ce
but, vers 1105, une tour à l'entrée de la ville et une autre
près de son palais (2). La première de ces tours est probablement celle dite de l'Etang, dans une charte de 1146 du
roi Louis VII en faveur de Montierneuf (3). Elle se trouvait
par conséquent près de l'étang de Montierneuf, vers le
point où s'éleva plus tard la porte Saint-Ladre, et elle
a peut-être donné naissance au château construit au
confluent du Clain et de la Boivre. Quant à la tour du
palais, elle n'est autre que la tour dite de Maubergeon,
dont l'existence est bien constatée au xiii° siècle et qui
fut plus tard reconstruite à la fin du xiv° siècle, par Jean,
duc de Berry.

Un autre concile qui avait pour but principal de provoquer une nouvelle croisade, se tint à Poitiers, le 25 juin
1106, sous la présidence de Bruno, légat du Saint-Siège.
Bohémond, prince d'Antioche, qui parcourait la France

---

(1) Besly, *comtes de Poitou*. — Guill. de Tyr. — Guill. Malmesbury.
(2) Chron. de gestis cons. andegav., p. 142.
(3) *Layettes du trésor des chartes*, I, n° 94.

pour recruter des soldats, l'avait accompagné, ainsi que
Suger qui devait bientôt jouer un rôle si important. Les
exhortations du légat et de Bohémond entraînèrent un
certain nombre d'hommes en Terre-Sainte (1).

Poitiers avait alors pour évêque Pierre II, prélat, dont
l'énergie égalait la sainteté, qualités bien nécessaires alors
pour réformer le clergé si profondément dépravé et résister
aux violences féodales. Le comte Guillaume VII, qui avait
noué des relations adultères avec la vicomtesse de Châtelleraud, Maubergeonne, femme d'Aimeri Ier, avait encouru
le blâme de son évêque. Guillaume n'en ayant tenu aucun
compte fut menacé d'excommunication. Un jour qu'il se
trouvait à l'église assistant à la messe, l'évêque prononça
contre lui la formule de l'excommunication. Mais avant
qu'il eut terminé, le comte s'était précipité sur lui l'épée
à la main. L'évêque le supplia de suspendre sa vengeance,
et achevant la sentence lui dit avec courage : Maintenant
tu peux frapper. Le comte étonné, mais encore furieux,
s'écria : Je ne t'aime pas assez pour t'envoyer en paradis.
Puis il le chassa de son siège et l'exila à Chauvigny.
Le saint évêque y mourut peu de temps après, en 1115,
et fut enseveli à Saint-Cyprien de Poitiers (2).

Le comte Guillaume VII, brave, mais doué d'un esprit
léger et quelque peu sceptique, cultivait la poésie. Il a
laissé un certain nombre de pièces galantes et même

(1) Chronique de Saint-Maixent. — Vie de Louis le Gros, par Suger. —
Hist. des Conciles, par Hefelé, VII. — Hist. de la cathédrale de Poitiers.
(2) Besly. Thibaudeau, d'après Guill. de Malmesbury. — Chron. de
Saint-Maixent. — Hist. de Châtelleraud, par Lalanne.

licencieuses qui lui ont valu le surnom de troubadour.
Il mourut le 10 février 1127 et fut enseveli dans l'abbaye
de Montierneuf (1).

Son fils Guillaume VIII se signala par l'ardeur avec
laquelle il soutint le schisme de l'anti-pape Anaclet contre
Innocent II. Il chassa l'évêque de Poitiers Guillaume
Adelelme et le remplaça par Pierre de Châtellerault. Saint
Bernard, le célèbre abbé de Clairvaux, vint à Poitiers pour
essayer de le ramener. Ce fut en vain. Gérard, évêque
d'Angoulême, qui exerçait une grande influence sur le
comte, le retint dans le schisme. Le lendemain du jour
où saint Bernard célébra la messe à la cathédrale, un
synode y proclama et reconnut l'évêque intrus. Ce ne fut
que dans une nouvelle entrevue, en 1135, à Parthenay, que
saint Bernard vainquit l'obstination du comte. Celui-ci
repentant partit pour Saint-Jacques de Compostelle où
il mourut le 11 avril 1137 (2).

---

(1) *Hist. des troubadours*, t. I. — Dreux-Duradier, *Bibliothèque
historique du Poitou*, I.
(2) *Hist. de la cathéd. de Poit.* — Besly.

CHAPITRE V

ALIENOR D'AQVITAINE ET LOVIS VII

Eléonore ou mieux Aliénor, fille de Guillaume VIII, dixième duc d'Aquitaine, sur les recommandations de son père, épousa le jeune Louis, bientôt Louis VII, fils de Louis VI, roi de France. Après le mariage qui eut lieu à Bordeaux, le 22 juillet 1137, les nouveaux souverains passèrent à Poitiers, où ils furent reconnus au milieu de la joie générale, le 8 août. Louis VII devint donc, à partir de ce jour, comte de Poitou et duc d'Aquitaine. Mais un grave événement troubla presqu'aussitôt le nouveau pouvoir. Depuis le règne de Guillaume VII et même auparavant, si l'on en croit une des chartes d'Aliénor, de 1199, les habitants de Poitiers étaient en possession de certains droits civils. Mais ils désiraient davantage ; ils voulaient une commune, ce rêve chéri du Tiers-Etat qui luttait partout d'une manière irrésistible pour conquérir sa place légitime dans la société. Poussés par ce sentiment d'émancipation et un peu en même temps par une tendance séparatiste que ressentaient surtout les seigneurs, les Poitevins s'insurgèrent, proclamèrent la commune et se préparèrent à la défendre. Louis VII accourut aussitôt avec une petite armée, vers la fin d'avril 1138. Poitiers, abandonné par ses alliés féodaux, ne tenta aucune résistance. Le roi, très mécontent, prononça la dissolution de la nouvelle commune et exigea des meilleures familles de la ville un certain nombre d'otages qu'il condamna à l'exil. Son prudent conseiller Suger lui inspira alors la plus sage mesure. Il pardonna aux habitants au moment même où l'arrêt allait s'exécuter et conquit ainsi leur affection. L'administration de la ville fut confiée à un prévôt (1). Louis VII, pendant ces événements mémorables, habita avec sa cour le vieux palais des comtes de Poitiers dont la reconstruction devait être alors terminée. L'immense salle que l'on admire encore aujourd'hui était sans nul doute accompagnée de divers autres bâtiments flanqués par la première tour Maubergeon. Un grand fossé l'environnait et l'isolait de toutes parts et un pont jeté par dessus dans l'axe de la rue Notre-Dame-la-Petite et en face de l'église de ce nom mettait le palais en communication avec la place de Notre-Dame-la-Grande. Une autre porte s'ouvrait du côté de la place actuelle de Saint-Didier et s'appelait Porte-du-Comte, origine du nom de la rue Porte-du-Comte qui a persisté longtemps au moyen-âge (2).

Louis VII revint à Poitiers en 1146. Il y confirma les biens et les privilèges de l'abbaye de Montierneuf et lui

(1) Suger, *Fragment inédit de la vie de Louis VII. — Les établissements de Rouen*, par Giry, I.

(2) Dufour, *de l'ancien Poitou et de sa capitale*.

concéda en outre par le même acte une rente de vingt sous poitevins, en indemnité de plusieurs maisons qu'il avait fait démolir près de la tour de l'étang (1). La démolition de ces maisons était évidemment motivée par l'adjonction de nouveaux moyens de défense et très probablement par la construction du château du confluent de Clain et Boivre, remplacé beaucoup plus tard par celui de Jean de Berry. Déjà, en 1143, le roi, dans le même but de défense de la ville de Poitiers, cédant à des sollicitations nombreuses, avait enjoint au prévôt Guillaume et aux habitants de la ville d'aider par tous les moyens le chapitre de Saint-Hilaire dans la création des étangs et des moulins de Pont-Achard sur la Boivre dont le cours et les rives appartenaient audit chapitre en cet endroit. Quelques-uns de ces moulins et ce pont existaient d'ailleurs dès le xe siècle, sous le nom de Tentenon, puis sous celui d'Achard au xie siècle (2). L'étang de Saint-Hilaire et celui de Montierneuf qui se communiquaient, constituaient donc pour la ville une ligne de défense d'une certaine valeur à cette époque. Devenus inutiles et malsains, ils ont été desséchés par M. Galland, au commencement de notre siècle. La gare du chemin de fer et la ligne de Bordeaux occupent leur emplacement.

Aliénor suivit le roi Louis VII à la croisade en 1147. Le sénéchal de Poitou, Guillaume de Mauzé, les ayant accompagné, l'administration de la province fut confiée à Geoffroi de Rancon (3). Après son retour, le roi, qui avait

(1) *Layettes du trésor des chartes,* par Teulet, I, 62.
(2) *Chartes de Saint-Hilaire,* I, 145 et passim.
(3) D. Brial XV, 486, 499.

contre la reine de sérieux motifs de mécontentement, la répudia. Ce divorce, d'ailleurs impolitique, fut prononcé sous prétexte de parenté par le synode de Beaugency, le mardi de Pâques de l'an 1152. Aliénor s'empressa de retourner à Poitiers et épousa presque aussitôt Henri Plantagenet, duc de Normandie (1).

----

(1) Chronique de Tours.

CHAPITRE VI

ALIÉNOR D'AQUITAINE

ET LES ROIS PLANTAGENETS

Henri, comte de Poitou, duc d'Aquitaine par son mariage, devint bientôt roi d'Angleterre, sous le nom de Henri II, en 1154. Aliénor passa avec lui en Angleterre, où ils reçurent la couronne à Londres, à la fête de Noël 1154. Ils revinrent ensuite en Poitou, en 1156. Henri II vint s'installer à Poitiers avec sa cour au carême de l'année 1159. Il y convoqua pour la Saint-Jean une grande armée tirée de tous ses États à laquelle vint même se joindre Malcolm, roi d'Écosse. Ces préparatifs avaient pour but la conquête du comté de Toulouse. Henri partit de Poitiers après la Saint-Jean. Il parvint jusqu'à Toulouse qu'il assiégea longtemps, mais sans succès (1).

C'est sous le règne de Henri II et d'Aliénor que l'on

(1) Ex Roberti de Monte, ap. *script. rer. Gall.* XIII.

commença la reconstruction de la cathédrale. Bouchet attribue à leur initiative et à leurs libéralités la fondation de ce monument si remarquable par l'immensité de ses proportions et la pureté de ses lignes. Mais il est plus probable qu'il est dû surtout aux efforts et aux sacrifices du chapitre et des évêques. L'édifice commencé, paraît-il, en 1162, entre l'épiscopat de Laurent et celui de Jean de Belles-Mains ou de Bellême, fut mené d'abord avec rapidité. Le chœur et les transsepts datent certainement de la dernière moitié du xiiᵉ siècle. La construction des nefs marcha plus lentement, mais sans modification du plan primitif. La façade était terminée avant 1363 et la dédicace eut lieu le 18 octobre 1379 (1).

La ville de Poitiers doit à Henri II et à Aliénor la construction de sa grande enceinte de fortification, sans qu'on puisse préciser la date à laquelle elle fut entreprise (2). D'ailleurs le travail dut être long, car la nouvelle muraille embrassait le promontoire entier sur lequel est bâtie la ville. Elle côtoyait au levant et au nord le Clain, en se reliant au château, au couchant les étangs de Montierneuf et de Saint-Hilaire. Du côté du midi, elle était appuyée par un large fossé ou tranchée; où s'ouvrait la porte nommée pour ce motif Porte-de-la-Tranchée. Les autres portes étaient celles de Tison ; de Saint-Cyprien, où il y avait un pont ; Joubert, où il y avait aussi un pont, le plus ancien qui existait avant le xiiᵉ siècle et portait les noms d'Angilbert, Saint-Enjoubert, Enjoubert, à Joubert et Joubert.

(1) *Hist. de la cathédrale*, par l'abbé Auber.
(2) *Chron. comit. Pictav.* ap. Martène, *ampl. coll. V.*

Venaient ensuite les portes et ponts de Rochereuil, dit
primitivement Pont-Neuf, au xi° siècle ; de Saint-Ladre ou
Lazare, plus tard Porte-de-Paris ; enfin de pont Achard.
La nouvelle enceinte était loin d'être inutile, car depuis
plus d'un siècle, la ville, trop resserrée par la vieille muraille
romaine, débordait de toutes parts en dehors. Le bourg
de Saint-Hilaire, celui de Saint-Nicolas et le quartier voisin
du Marché-Vieux, le quartier de Saint-Porchaire, la rue de
l'Aguillerie, aujourd'hui de la Mairie et de la Porte-le-
Comte, l'église Saint-Didier, le Marché-Neuf, aujourd'hui
place du Pilori, le bourg de Montierneuf, celui de Sainte-
Radégonde et enfin l'église Saint-Grégoire étaient sans
défense. Il était donc urgent de réunir tous ces groupes
d'habitations dans une enceinte commune. Il est probable
que les habitants contribuèrent pour une large part à son
édification, car plus tard, après la constitution de la
commune, l'entretien des murs fut toujours à leur charge
et obèra bien souvent leurs finances. Plusieurs fragments
remarquables de ces murs flanqués de jolies tours rondes,
mais reconstruits à la fin du xiv° siècle, subsistent encore
près de la Porte-de-la-Tranchée.

Les seigneurs poitevins, notamment celui de Lusignan,
se soulevèrent en 1168. Henri II les dompta vigoureusement.
Puis confiant la garde du Poitou à la reine Aliénor et au
comte Patrice de Salisbury, son lieutenant militaire, il alla
négocier avec le roi de France que les rebelles avaient
invoqué. Pendant son absence, le comte Patrice fut
traîtreusement mis à mort par Guy de Lusignan. Il fut
enseveli à Saint-Hilaire de Poitiers et la reine Aliénor
y fonda un service anniversaire pour le repos de son âme.

Henri II, irrité, chassa le meurtrier qui prit la croix et partit pour Jérusalem (1).

De grandes mésintelligences ayant éclaté entre Henri II et son épouse Aliénor, celle-ci excita ses fils Henri et Richard, comte de Poitiers, à la révolte. Ils partirent pour la cour de France où ils espéraient trouver un puissant appui. Mais Aliénor tomba en route entre les mains de son mari qui la renferma en prison, en Angleterre, d'où elle ne devait sortir que longtemps après. Richard regagna le Poitou où il ouvrit la guerre contre son père. Henri II réussit à obtenir une trève du roi de France et se mit en mesure de punir son fils. Battu à Saintes, Richard n'osa pas résister plus longtemps. Il vint à Poitiers se jeter aux pieds de son père, qui lui accorda son pardon, à la fin de septembre 1174 (2).

Les barons du Poitou et de l'Aquitaine se tournèrent alors contre Richard leur duc. Pendant que celui-ci était en Angleterre, le comte d'Angoulême, ayant envahi le Poitou à la tête d'une troupe de Brabançons mercenaires, l'évêque de Poitiers, Jean, de concert avec Thibaud Chabot, lieutenant militaire de Richard, résistèrent courageusement à l'ennemi qu'ils poursuivirent et battirent en Angoumois, à Barbezieux (1176). Bientôt de retour en Poitou, le comte Richard entreprit une campagne victorieuse dans le cours de laquelle on le trouve à Poitiers, à la Saint-Jean de

(1) Ex Roberti de Monte. — Roger de Hoveden. — *Chartes de Saint-Hilaire.*

(2) Le 9 des calendes d'octobre. — Benoit Peterboroug. — Roger de Hoveden. — Raoul de Dicet.

l'année 1176, combinant avec son frère, le jeune Henri, de nouvelles expéditions (1). Le récit des discordes intestines des fils de Henri II, survenues soit entre eux, soit contre lui, et des luttes incessantes des barons de l'Aquitaine successivement alliés des uns ou des autres, jusqu'en 1189, n'a point ici sa place. Durant le cours de ces guerres si lamentables pour les populations toujours victimes des deux partis, Aliénor d'Aquitaine recouvra la liberté (1184). Son mari, dont l'irritation était un peu calmée, ordonna même à Richard de lui remettre le Poitou (1185) (2).

Le comte Richard résidait souvent à Poitiers dont les habitants semblent avoir assez fidèlement servi sa cause. L'un d'eux, Geoffroy Berland, qui lui avait sans doute rendu de grands services, fut de sa part l'objet d'une libéralité considérable. Transférant à Poitiers l'antique foire de la mi-carême, qui avait coutume de se tenir à la Pierre-Levée, Richard concéda, par acte de 1187, à Geoffroy Berland et à ses héritiers, à perpétuité, le privilège d'établir dans sa maison une halle destinée à abriter les marchands qui viendraient vendre à Poitiers pendant le temps de la dite foire. Tous les marchands de draps de France et de Flandre, laine, soie, fourrures, devaient être contraints d'y étaler leurs marchandises moyennant le paiement d'une taxe débattue entre eux et Berland ou ses héritiers, tenus de leur côté à l'entretien des bâtiments. C'est l'origine des halles situées dès cette époque devant Saint-Nicolas. Elles s'y sont toujours maintenues jusqu'à nos jours et ont

(1) Bened. Peterboroug. — Raoul de Dicet.
(2) Roger de Hoveden. — *Bertrand de Born*, par Clédat.

été plusieurs fois reconstruites, notamment en 1454, 1598 (1).

L'influence d'Aliénor d'Aquitaine, fille et héritière des anciens comtes nationaux, fut plus puissante que les armes pour ramener la soumission du Poitou et affermir le pouvoir des Plantagenets. Elle résidait ordinairement à Poitiers. Pendant l'absence du roi Richard, son fils, en Terre-Sainte (1190), elle veilla avec soin sur ses intérêts. Devenue après sa mort (1199) usufruitière du comté de Poitou, en vertu d'un arrangement intervenu avec son autre fils le roi Jean sans Terre, elle songea à s'attacher par un bienfait tout particulier, quoique un peu intéressé, les habitants de sa ville de Poitiers. Par deux chartes successives du mois de mai 1199, elle confirma leurs anciennes libertés civiles et leur accorda le droit de se constituer en commune jurée. Les bourgeois s'engagèrent à défendre les droits de la couronne et durent sans doute acquitter quelque somme d'argent, comme droits de chancellerie. Mais ce n'était pas acheter trop cher une si précieuse concession. Le premier maire de Poitiers, en l'an 1200, s'appelait Savari. C'était un familier de la cour de Jean sans Terre et d'Aliénor, qui exerçait en outre la charge de maître de la monnaie de Poitiers (2).

Un événement, dont les circonstances légendaires ont acquises une grande célébrité sous le nom de miracle des clefs, se produisit à cette époque. Un récit consigné dans

(1) *Mémoire sur les halles et foires de Poitiers*, par Rédet. — *Arch. hist. du Poitou*, XI, n° 101.

(2) Archives municip. de Poitiers. — *Rotuli chartarum*, p. 75.

un registre de l'échevinage de 1463, rapporte qu'un clerc ou secrétaire du maire de Poitiers, gagné à prix d'argent par des routiers Anglais, promit de leur ouvrir secrètement les portes de la ville qu'ils voulaient apparemment livrer au pillage. L'entreprise fut fixée au jour de Pâques 1200. Pendant que les ennemis s'approchaient avec précaution des murs de la ville, le traître s'introduisait chez le maire pour y prendre les clefs des portes. O prodige ! les clefs avaient disparu. Éperdu, il se précipite vers les murs pour prévenir ses complices. Mais une apparition de la sainte Vierge et de saint Hilaire, protecteurs de la cité, accompagnés d'une multitude d'hommes armés, avaient déjà répandu le désordre parmi les routiers. Saisis de vertige, ils se massacrent les uns les autres ou prennent la fuite. Au bruit de ce combat, les habitants accourent sur les murs. Le maire, dont le clerc a disparu, se rend compte de la trahison. On cherche les clefs de toutes parts et on les trouve enfin dans l'église de Notre-Dame, entre les mains de la statue de la sainte Vierge. Les habitants se précipitent alors hors de la ville et achèvent la déroute de l'ennemi. Nul doute, crie-t-on de tous côtés, c'est la sainte Vierge qui a sauvé la ville. Depuis ce jour mémorable, une procession générale dans laquelle on portait solennellement la statue miraculeuse, s'est toujours faite chaque année, le lundi de Pâques, autour des fortifications, aux frais du corps de ville reconnaissant (1).

Le second maire de Poitiers, en 1202 et 1203, se nommait

(1) *Mémoire sur le miracle des clefs*, par Lecointre-Dupont, ap. *mém. des Antiq. de l'ouest*, 1845.

Soronet. C'était un ancien prévôt de la ville en 1200. Il avait, comme son prédécesseur, la confiance du roi Jean, qui lui donna le 11 août 1202 la mission de prendre possession en son nom des châteaux des Lusignan. Sa maison était située *in vico fabrorum,* rue des Orfèvres, aujourd'hui rue Saint-Etienne, dans le fief des Templiers, auxquels il la donna plus tard. Il y avait, en effet, dès cette époque, à Poitiers, une maison de Templiers remplacée plus tard par la commanderie des Hospitaliers de Saint-Jean de Jérusalem, située dans la Grande-Rue. Le fief des Templiers, qui prétendait jouir de l'exemption du droit de minage à Poitiers, accordé naguère à l'abbaye du Pin par le roi Richard, en fut débouté par sentence arbitrale de 1228, mais la maison de Soronet en fut exceptée (1).

La mort d'Aliénor d'Aquitaine, arrivée à Poitiers le 31 mars 1204, enleva aux Plantagenets le dernier appui de leur pouvoir depuis longtemps miné en Poitou par les intrigues du roi de France, Philippe-Auguste. La vieille reine fut ensevelie à Fontevrault, près de son fils et de son mari. Sa statue tumulaire est un monument du plus haut intérêt qui subsiste encore (2).

---

(1) *Rotuli litt. patent.,* I, 16. — Besly, 497. — Thibaudeau II, 350. — *Poitiers au moyen-âge,* par Rédet. — Arch. de la Vienne, abb. Saint-Cyprien, liasse 9. — *Arch. hist. du Poitou,* VIII, 126.

(2) *Chronic. Santi-Albini Andegav.* — *Jean sans Terre,* par Lecointre, p. 188, 208.

CHAPITRE VII

RÉUNION DE POITIERS

A LA COURONNE DE FRANCE

Philippe-Auguste entra en vainqueur à Poitiers le
10 août 1204. Il n'éprouva aucune résistance. Les bourgeois
n'avaient aucun intérêt à repousser sa domination. Leur
milice suivit même le maréchal Henri Clément, envoyé
par le roi contre Niort, dont il s'empara et jusques devant
la Rochelle (1). Le roi confirma leur charte de commune,
moyen certain de leur plaire. Il fit plus encore, car accueillant
favorablement leur demande, il les gratifia trois mois plus
tard en novembre 1204, de la constitution municipale de
Rouen. L'envoi des statuts de cette ville par le roi permit
donc aux Poitevins de réorganiser leur commune sur le plus
parfait modèle. La base de cette organisation consistait en un

(1) Enquête de 1250 environ, sur la justice du bourg de Sainte-Croix
de Poitiers, mentionnant ce fait (arch. nat. J. 748, n° 15).

collège permanent de cent bourgeois ou pairs se recrutant lui-même et divisé en soixante-quinze bourgeois, douze conseillers et douze échevins. Le maire, nommé chaque année par le roi sur une liste de trois candidats présentés et élus par les cent bourgeois, exerçait la juridiction civile et criminelle sur tous les membres de la commune (1).

Au mois de juin 1206, Philippe-Auguste apprenant que Jean-sans-Terre cherchait à ressaisir le Poitou et débarquait à la Rochelle, revint au delà de la Loire avec son armée. Il mit garnison à Poitiers, qui, sans doute à cause de cela, ne fut pas attaquée par les Anglais. Il prit les mêmes précautions à Mirebeau et Loudun (2). En 1214, Philippe accorda aux bourgeois de Poitiers l'exemption des droits de ventes et des péages dans tout le domaine royal. Il confirma les foires de la mi-carême et y établit sur les marchands de draps, étrangers au domaine royal, des droits plus élevés que sur les marchands du royaume. Cette charte protectionniste est datée de Châtellerault (3).

Philippe-Auguste avait tout intérêt à retenir dans la fidélité à sa cause par toutes sortes de bienfaits la ville de Poitiers, si voisine des possessions anglaises, si exposée aux intrigues ennemies. C'est évidemment dans ce but et aussi pour la récompenser de sa docilité qu'il étendit considérablement ses franchises municipales et ses privilèges

(1) Rigord, *Gesta Phill. Aug.* — *Arch. munic. de Poitiers.* — *Les établiss. de Rouen, par Giry*, 358. — *Catal. des actes de Phill.-Aug.*, par L. Delisle.

(2) Rigord. — Guill. le Breton.

(3) Arch. munic. de Poitiers.

par une charte du mois de novembre 1222. La concession la plus considérable consistait dans le choix du maire, des douze échevins et des douze conseillers, remis chaque année à l'élection directe et exclusive du corps des cent bourgeois. Après l'élection qui avait lieu le vendredi après la Saint-Jean-Baptiste, le maire prêtait serment au bailli royal. La commune de Poitiers devra au roi le service militaire, seulement au delà de la Loire, et dans la mesure où le doivent les seigneurs poitevins, c'est-à-dire pendant quarante jours. Les bourgeois poitevins ne devront payer la taille au roi qu'autant qu'ils la consentiront. La juridiction complète, civile et criminelle est accordée au maire, sauf pour les cas royaux. Enfin des privilèges commerciaux très précieux, tant pour trafiquer dans l'étendue des états royaux que sur les marchandises arrivant à Poitiers des contrées transmarines, leur sont concédés, ainsi que des garanties pour leur liberté individuelle (1).

Poitiers, favorisé et protégé par la royauté française, lui demeura fidèle. Aussi, lorsque le roi Louis VIII entreprit, au mois de juillet 1224, l'expédition qui devait enlever aux Anglais les villes de Niort et de la Rochelle, les bourgeois poitevins y marchèrent-ils sous ses ordres (2)

Une aumônerie fut fondée à Poitiers par Durand de la Charité, sur un terrain situé près de la porte Maingot. Il avait acquis ce terrain avec quelques maisons, en 1218, de Maingot de Melle et du chanoine Geoffroy de Lezay. Il y établit, pour le service des pauvres, une aumônerie avec

(1) Archives municipales de Poitiers.
(2) Enquête citée plus haut.

une chapelle desservie par le chapitre de Saint-Hilaire de la Celle, et qui porta assez longtemps le nom d'aumônerie de la porte Maingot, puis d'aumônerie de Sainte-Marthe. C'était une porte de la vieille enceinte romaine située près du Lycée, et qui n'existait probablement plus en 1218 (1). Durand de la Charité, mourut peu de temps après. Sa famille donna deux maires à la ville, Guillaume de la Charité, en 1228, et Pierre de la Charité, en 1241.

Une autre aumônerie plus importante fondée par le chapitre de Notre-Dame et située en face de cette église sur l'emplacement actuel des facultés, existait auparavant dès l'année 1202. Elle était administrée par un chanoine de Notre-Dame. C'est la seule qui prit quelque développement. On lui adjoignit, en 1389, l'aumônerie de l'échevinage et elle devint l'Hôtel-Dieu, entre les mains du corps de ville (2).

Guillaume Prévost, évêque de Poitiers, et Philippe, doyen de la cathédrale, établirent les dominicains ou Jacobins, de 1217 à 1222. Philippe leur concéda l'église de Saint-Christophe, ancienne dépendance de l'abbaye de Saint-Cyprien, dès le xie siècle. Il fit bâtir leur monastère en 1231. La cure de Saint-Christophe fut réunie à celle de Notre-Dame-la-Petite (3). Il ne subsiste plus rien du monastère des Jacobins, dont une partie des dépendances est traversée par la rue d'Orléans.

Le roi Louis IX donna le comté de Poitou en apanage à son frère Alphonse. L'investiture eut lieu à Saumur, le

(1) Documents inédits publiés par la Société des Antiq. de l'Ouest.
(2) Mém. des Antiq. de l'Ouest, t. 37, p. 17.
(3) Dufour, *De l'ancien Poitou et de sa capitale*, p. 396.

24 juin 1241. Puis les princes vinrent à Poitiers. Le comte Alphonse confirma la commune, prit possession de son nouveau domaine et reçut l'hommage des vassaux. Un seul, mais le plus puissant, Hugues de Lusignan, marchanda sa soumission. Pendant quinze jours, le roi dut négocier avec lui. Une convention fut enfin signée à Poitiers (juillet 1241). Après le départ du roi, le sire de Lusignan, comte de la Marche, qui n'était point sincère, ourdit avec l'Angleterre un vaste soulèvement. Il se rendit à Noël 1241 à Poitiers, où le comte Alphonse avait convoqué les seigneurs. Mais lorsqu'il parut au palais, il refusa publiquement et insolemment l'hommage à son suzerain (1).

La célèbre campagne de 1242 amena l'abaissement complet de la maison de Lusignan en particulier et de la féodalité en général. Le comte Alphonse, devenu maître incontesté, put se livrer en paix à l'administration de ses domaines. Il établit solidement en Poitou l'organisation royale qu'il sut faire fonctionner avec justice et fermeté. Les sénéchaux résidant à Poitiers furent ses agents les plus actifs et les plus puissants. La commune qu'il avait su se concilier, lui donna son concours toutes les fois qu'elle en fut requise. En 1246, un seigneur de Chitré, ayant sans doute commis quelque acte de rebellion, la milice bourgeoise de Poitiers, conduite par le maire Guillaume Grossin, alla prendre et renverser son château (2). En 1249, la commune obtint du comte Alphonse l'expulsion des juifs, objet de la haine populaire, et s'engagea à lui payer pour ce

(1) *Hist. d'Alphonse, comte de Poitou*, par B. Ledain.
(2) Enquête de l'an 1250 (arch. nat. J. 748).

bienfait un subside de quatre sous par feu (1). Pendant la croisade à laquelle il prit part en Egypte, en 1249-1250, le comte confia l'administration de son apanage à Philippe, trésorier de Saint-Hilaire, qui était en même temps son chapelain (2).

Alphonse venait parfois à Poitiers, mais n'y résidait pas habituellement. On l'y voit en 1246, 1248, 1259, 1261, 1270. Les sénéchaux et les prévôts, dont la gestion était sévèrement surveillée, administraient en son absence. Ils veillaient avec soin à l'entretien du palais et du château de Poitiers. Diverses réparations furent exécutées au palais, à la tour de Maubergeon et à la chapelle dans le cours des années 1243, 1244, 1245, 1246, 1247. Le château fut réparé en 1244, 1245, 1248, mais surtout en 1257. On y reconstruisit deux ponts et une chapelle ; on y recouvrit trois tours et les bâtiments ; on y plaça plusieurs balistes en 1245. Une petite garnison commandée par un châtelain le gardait et coûtait 22 sols, 8 deniers tournois par jour (3).

C'est durant cette période pacifique du moyen-âge que le commerce et l'industrie prirent quelque développement à Poitiers. Les corporations ouvrières s'organisèrent successivement et jurèrent les statuts rédigés pour chacune d'elles par les maires et échevins. C'était, en effet, le corps de ville qui avait seul la police des corporations et le droit de modifier leurs statuts. Les règlements des bouchers et des boulangers sont de 1245 ; ceux des poissonniers de 1258

(1) Arch. nat. J. 190. 191.

(2) *Antiquaires de l'Ouest*, 1841.

(3) Comptes d'Alphonse, ap. arch. *historiques du Poitou*, IV. — *Layettes du trésor des chartes*, III, 383.

et 1297, des bourreliers de 1265, des cordonniers de 1272 et 1273, des éperonniers de 1275, des gantiers de 1277, des tisserands de 1277, des selliers de 1282 et 1293, des cordiers de 1303, des drapiers de 1330, des potiers d'étain de 1333. Puis on trouve plus tard ceux des menuisiers en 1450, des orfèvres en 1466, des corroyeurs en 1457, des chaussetiers en 1472, des tailleurs en 1458, des pâtissiers en 1505, etc. (1).

Le comte Alphonse passa à Poitiers au mois de mars 1270, en s'acheminant vers Aigues-Mortes, d'où il partit pour la croisade de Tunis. La commune lui avait accordé un subside pour les frais de cette expédition. Il mourut au retour, en Italie, le 21 août 1271. Il n'avait point oublié dans son testament les établissements charitables et religieux de sa ville de Poitiers. La Léproserie reçut cent sous, la maison Dieu ou aumônerie de Saint-Pierre, celle de Sainte-Radégonde, celle de Notre-Dame, chacune la même somme de cent sous. L'aumônerie de Saint-Hilaire et celle de Pierre de la Charité, soixante sous chacune. L'église de Sainte-Radégonde reçut cent sous pour des verrières. Aux frères-prêcheurs ou Jacobins, il donna vingt livres et aux frères mineurs ou Cordeliers, la même somme. Il donna, en outre, aux Cordeliers, dix livres pour leur église qui était alors en construction (2).

Les Cordeliers s'étaient établis, paraît-il, à Poitiers, sous ses auspices, d'autres disent sous ceux des Lusignan, sur

(1) Arch. munic. de Poitiers. — *Les arts et métiers à Poitiers aux XIII*, *XIV* siècles*, par de la Fontenelle.
(2) Archiv. nat. J. 319, 4 bis.

l'emplacement d'un couvent de frères de la Pénitence tombés dans le désordre et la décadence (1). Gauthier de Bruges, évêque de Poitiers, en 1280, qui sortait de l'ordre des Cordeliers, aimait beaucoup ce monastère, où il fut enseveli en 1305. Dans le but d'en agrandir la clôture, il lui concéda en 1295, le *cimetière de la paroisse de Notre-Dame-la-Petite*, dit cimetière neuf, qui était contigu, et assigna pour cimetière de la dite paroisse, un *terrain* situé un peu plus loin (2). L'ensemble de ces terrains dont il n'est pas facile de se représenter la configuration ancienne, s'étendait entre les rues actuelles des Jacobins, des Cordeliers, des Grandes-Écoles et du Chaudron-d'Or. L'origine de la rue des Cordeliers, établie sur l'emplacement des fossés du palais, doit dater de cette époque. En effet, à la fin du XIII° siècle, le palais qui n'est plus la demeure des souverains, puisque le Poitou n'en possède plus de particuliers, se transforme et devient le siège des assises du sénéchal. Ses abords se modifient sensiblement, les fossés se comblent et les sénéchaux, agissant au nom du domaine, les vendent en détail aux habitants pour bâtir des maisons. On connaît deux contrats de ce genre de 1298 et de 1305 qui font allusion à beaucoup d'autres (3).

La mort d'Alphonse amena la réunion du Poitou à la couronne, mais ne modifia en rien l'organisation adminis- trative calquée par le comte sur celle créée par la royauté

(1) Thibaudeau, I, 400. — Dufour, *De l'ancien Poitou et de sa capitale*, 394.

(2) Arch. munic. de Poitiers, D, 65, cart. 11.

(3) Arch. nat. JJ, 44, n° 149, 165.

dans le reste de la France (1271). Le roi Philippe le Hardi, passa à Poitiers, le 30 janvier 1272, en allant dompter la rébellion du comte de Foix (1). Il confirma les privilèges de la ville. En 1283, les bourgeois lui accordèrent un subside de 1500 livres (2). Philippe III passa à Poitiers au mois de mars 1285, en marchant contre le roi d'Aragon (3).

Un procès s'éleva entre la commune de Poitiers et l'abbaye du Pin, au sujet des droits de minage concédés, jadis à cette abbaye par le roi Richard. Une sentence du sénéchal, confirmée par le Parlement, le 8 janvier 1288, régla d'une manière précise la quotité de ces droits que les religieux avaient levé d'une manière arbitraire. Mais les bourgeois jurés de la commune prétendaient en outre être exempts du paiement de ces droits. Un arrêt du Parlement du mois de janvier 1307, les débouta de leur prétention. Le boisseau officiel servant à mesurer les blés était déposé dans une maison de l'abbaye du Pin, située rue du Moulin-à-Vent. Le minage se tenait dans la rue voisine de l'Annônerie, aujourd'hui rue de la Regratterie (4).

Philippe le Bel, à la demande des habitants, ordonna en juillet 1291 l'expulsion des juifs de la ville et sénéchaussée de Poitiers, moyennant une taxe de six sous par feu, comme compensation de la taxe perçue sur les dits juifs. Cependant la mesure fut ajournée, grâce aux offres d'argent des bannis. Leur expulsion ne devint définitive qu'en 1306. Ils

(1) Majus chron. Lemovic, ap. *Script. rerum Gall.* t. XXI.
(2) Arch. munic. A, 10.
(3) *Script. rer. gallic.*, t. XXI.
(4) Archiv. munic. de Poitiers. — Thibaudeau, t. I, 266 ; II, 386.

étaient très nombreux à Poitiers, où ils habitaient la rue de la Juiverie, en la paroisse de Saint-Paul (1).

Gauthier de Bruges, *évêque de Poitiers*, dont l'administration ferme fut si profitable au diocèse, eut de graves démêlés avec l'autorité royale et avec l'archevêque de Bordeaux. Ce dernier, devenu pape sous le nom de Clément V, le déposa en 1305. L'évêque mourut le jour de la Saint-Vincent, 1306, en odeur de sainteté, ordonnant de placer dans son tombeau, aux Cordeliers de Poitiers, l'acte d'appel qu'il avait interjetté au futur concile. Une tradition pieuse raconte que le pape, qui vint à Poitiers l'année suivante, fit ouvrir le tombeau pour prendre connaissance de cet acte. Mais l'évêque défunt ne voulut le lâcher que sur l'injonction formelle du pape. Celui-ci le replaça ensuite dans sa main qui se rouvrit pour le recevoir. Fortement impressionné et regrettant la sentence rendue contre Gauthier, il lui éleva un magnifique mausolée devant le grand autel que l'on voyait encore du temps de Bouchet (2). Plus tard, le 30 mai 1603, les restes du saint évêque retirés du tombeau par le général des Cordeliers furent placés dans l'intérieur de l'autel (3).

Le voyage du pape Clément V à Poitiers était motivé par l'entrevue qu'il devait avoir avec le roi Philippe le Bel, pour le règlement de diverses affaires telles que la conclusion de la paix avec l'Angleterre, mais surtout de la grave question de l'abolition des templiers. Le pape arriva

(1) Bouchet, *Annales d'Aquitaine*, p. 179
(2) Bouchet, p. 182, 183. — Thibaudeau, I, 402.
(3) Liste des maires, ap. dom Fonteneau, t. 33.

le premier à Poitiers, au mois de mars 1307, et s'installa aux Cordeliers. Le roi l'y rejoignit le 7 mai suivant et logea aux Jacobins. Comme la foule des princes, cardinaux, officiers et gens de toutes sortes formant la cour du pape et celle du roi était très considérable, le sénéchal de Poitou rendit une ordonnance pour assurer l'approvisionnement de la ville durant leur séjour. Il y était dit qu'un marché se tiendrait tous les jours au Marché-Vieux et sur la place du Pilori. Tous les marchands des environs étaient requis, d'y apporter leurs denrées avec garantie de sécurité complète pour leur commerce. Les prix des denrées et marchandises et même le salaire des ouvriers étaient fixés d'après un tarif détaillé que tout le monde devait observer, sous peine d'amende (1). Le 10 mai, le roi, devant le consistoire réuni, développa les accusations et les dépositions qu'il avait recueilli contre les templiers. Le pape, fortement ébranlé mais non convaincu, avait mandé d'Orient à Poitiers le grand maître, Jacques de Molay, sans lui faire connaître le motif de cet ordre. Il permit enfin au roi d'arrêter les templiers et d'instruire leur procès.

Le roi repartit pour Paris à la fin de mai. L'arrestation générale des templiers eut lieu au mois d'octobre. Le pape demeura à Poitiers, un peu contre son gré. Il y reçut le grand-maître de l'hôpital, le roi de Majorque et des ambassadeurs des Tartares. Pendant ce temps là, Philippe, qui avait fait instruire le procès des templiers, convoqua à Tours, le 1er mai 1308, un grand Parlement composé de tous les ordres

(1) *Archiv. histor. du Poitou*, VIII, 403. — *Chron. Girardi de Fracheto*.

de la nation dont il voulait prendre l'avis dans cette grave affaire. La commune de Poitiers y envoya trois députés, le maire Guillaume Lallemand et deux échevins, Aimeri Odonnet et Jehan Sénéchal. L'Assemblée se prononça contre les templiers. Fort de cette décision, le roi revint trouver le pape à Poitiers, le 27 mai. Les conférences entre eux durèrent jusqu'au mois d'août. Une galerie destinée à faciliter leurs entrevues avait été construite par dessus la rue, reliant ainsi les couvents des Jacobins et des Cordeliers. Le pape interrogea lui-même soixante-douze templiers qui se reconnurent coupables. Enfin, après bien des difficultés, il fut décidé que l'instruction du procès continuerait à se faire d'un commun accord par des commissaires royaux et pontificaux, que les biens de l'ordre seraient administrés par des curateurs nommés par les évêques et par le roi, que rien ne serait décidé sans l'assentiment du saint siège et qu'un concile, convoqué à Vienne pour le 1er octobre 1310, jugerait souverainement en dernier ressort. Clément V et Philippe le Bel quittèrent Poitiers à la fin d'août 1308. Durant leur séjour dans cette ville, ils échappèrent à un grave accident. Un jour qu'ils passaient dans une rue, un grand mur s'écroula et ensevelit sous ses décombres quatre-vingts personnes du cortège (1).

Sous les règnes de Philippe le Bel, de Louis X, de Philippe V et de Charles le Bel, la commune de Poitiers soutint une lutte souvent pénible pour la défense de ses

(1) Jean de St-Victor. — Chron. Bernardi Guidonis. — Chron. Girardi de Fracheto, ap. *script. rer. gall.* t. XXI — Chron. normande du xive siècle — Arch. mun. de Poitiers. — *Hist. des conciles par Hefelé*, t. IX, 306-326.

privilèges contre les empiètements des sénéchaux et des prévôts, principalement au sujet de sa juridiction. Les plaintes successives qu'elle adressa au roi furent suivies de mandements du 31 décembre 1295, du 12 janvier 1300, janvier 1302, 21 février 1309, 22 janvier 1311, 21 février 1317, mars 1317, 8 avril 1317, 16 février 1321, 8 décembre 1325, 6 mars 1327, enjoignant aux agents royaux de cesser leurs entreprises et de maintenir la ville dans l'exercice de ses libertés. Les bourgeois Poitevins votèrent plusieurs fois des subsides pour la guerre de Gascogne en 1295, pour celle de Flandre en 1305, 1313, 1315, 1319, et pour celle de Gascogne en 1324-1326. Mais ils avaient obtenu de Philippe le Bel en 1305, le droit de les répartir et de les lever eux-mêmes par les soins du maire et des échevins (1). Serviteurs d'ailleurs dociles de la politique de Philippe le Bel à l'égard du pape Boniface VIII, ils lui avaient donné leur pleine adhésion en 1303 (2). Leur milice communale fut requise pour la guerre de Flandre et se mit en marche au mois d'août 1314, sous les ordres du maire Pierre de Berry. La paix empêcha l'ouverture des hostilités. Peu de mois après, le 1er novembre, la ville de Poitiers délégua des députés à une assemblée convoquée à Paris, par Philippe le Bel, pour la réforme des monnaies. En 1315, au mois de juillet, la milice Poitevine fut encore requise par le roi Louis X, pour une expédition contre la Flandre, qui fut de courte durée (3).

(1) Arch. munic. de Poitiers.
(2) Arch. nat. J. 480, numéro 43.
(3) Archiv. municip. de Poitiers.

Pendant ce temps là, Philippe, frère du roi, comte de
Poitou, venait à Poitiers à la fin d'août 1315, prendre
possession de son apanage. Devenu roi, sous le nom de
Philippe V, il convoqua à Poitiers pour le jour de Pâques
1319, la noblesse de la sénéchaussée, dans le but d'y
délibérer sur certaines affaires de l'Etat, sous la présidence
de Robert d'Artois et de l'évêque d'Amiens, commissaires
royaux (1). En 1320, il manda trois députés de la ville
à l'Assemblée de Pontoise, réunie pour la réforme des
monnaies. Il revint à Poitiers au mois de juin 1321, et
y tint une réunion d'Etats généraux qui délibéra sur un
projet d'établissement de l'uniformité des monnaies et des
poids et mesures (2). Il ordonna aussi des poursuites contre
les lépreux et les juifs accusés de l'empoisonnement des
fontaines (3). Philippe V signa enfin trois actes d'un intérêt
plus local; la concession au prieur de Saint-Hilaire-de-la-
Celle, du service de la chapelle du château de Poitiers,
la sauvegarde royale accordée à Saint-Hilaire-le-Grand,
et l'anoblissement d'Herbert Berland, possesseur des
Halles (4).

En 1324, la guerre ayant éclaté sur les frontières de la
Guienne entre la France et l'Angleterre, la milice communale de Poitiers fut requise par le sénéchal de se tenir
prête à partir à la fin de juin. Elle alla, bannière en tête,
sous les ordres du maire Jean Guischart, dégager, au mois

(1) *Arch. histor. du Poitou*, t. XIII, 52.
(2) *Hist. des Etats Généraux*, par Picot, 1, 28.
(3) Guill. de Nangis.
(4) *Arch. hist. du Poitou*, XIII, 72 ; XI, 200. — *Chartes de
S'-Hilaire*.

de septembre, le château de Lusignan, menacé par des coureurs ennemis. Puis elle marcha jusqu'à Montendre, en Saintonge. L'année suivante 1325, la ville de Poitiers envoya plus de cinquante sergents à ses frais pour le service du roi dans la même guerre (1)

Le corps de ville, désigné sous le nom de *mois et cent,* parce qu'il était composé de cent bourgeois et se réunissait tous les mois, élabora, en 1335, un règlement déterminant le mode d'élection du maire annuel. Il fut décidé que les soixante-quinze bourgeois nommeraient le maire, que ce choix serait soumis successivement à l'approbation des douze conseillers et des douze échevins et que, s'il était repoussé, les soixante-quinze procéderaient à un nouveau vote jusqu'à ce que tous fussent d'accord. L'élection avait lieu le vendredi après la fête de Saint-Jean-Baptiste. Les réunions du corps de ville se tenaient dans la maison dite de l'échevinage située rue de l'Aguillerie, aujourd'hui rue de la Mairie, qui avait été acquise dans ce but dès le milieu du XIII° siècle. Elle avait une issue dans la rue Terrière, connue plus tard sous le nom des *Grandes-Ecoles*, après la création de l'Université. Outre les Assemblées mensuelles et générales il y avait tous les quinze jours celle du Conseil composée des vingt-cinq échevins et conseillers (2).

La guerre avec l'Angleterre motiva en 1337, 1339, 1340, la levée de nombreuses contributions sur lesquelles la ville de Poitiers demandait au roi, en 1340 et 1342, le cinquantième pour la réparation de ses fortifications qui

(1) Archiv. munic. de Poitiers. — Bouchet.
(2) Archiv. munic. de Poitiers.

étaient en mauvais état. Mais ces charges n'étaient rien en comparaison de la catastrophe aussi terrible qu'inattendue qui vint fondre sur elle, en 1346. Peu de temps après la funeste bataille de Crécy, le comte Derby, gouverneur anglais de la Guienne, saisit ce moment favorable pour entreprendre le 12 septembre une expédition en Saintonge et en Poitou, à la tête de 1,200 hommes d'armes, 2,000 archers et 3,000 piétons. Après avoir emporté Lusignan et Montreuil-Bonnin, l'armée anglo-gasconne parut devant Poitiers. La ville n'avait qu'une garnison tout à fait insuffisante commandée par Aimeri de Rochechouart. Cependant vaillamment soutenue par les bourgeois, elle repoussa avec succès un premier assaut donné à la porte de la Tranchée. Derby, mieux avisé, donna trois attaques simultanées sur trois points différents, principalement à Pont-Achard. Pendant ce temps-là, un corps de ses troupes pénétrait par surprise dans la ville par la chaussée du moulin Cornet, non loin du pont Joubert. L'effroi se répandit aussitôt parmi les habitants. Les uns se réfugièrent dans le château avec les chevaliers de la garnison; les autres, en grand nombre, s'enfuirent hors de la ville. Les anglo-gascons mirent tout à feu et à sang. Six cents personnes environ furent massacrées, sans distinction d'âge ni de sexe. Les églises et les maisons furent pillées. L'incendie dévora une partie du palais et les quartiers environnants de la Regratterie, Saint-Didier et la Porte du comte. Le mal eut été encore plus grand, sans les ordres de Derby, qui arrêta enfin les excès trop nombreux déjà commis. Aimeri de Rochechouart, fait prisonnier, fut rançonné à 4,000 écus d'or. Herbert Berland, l'un de ses chevaliers, perdit tout ce qu'il possédait.

Enfin, après un séjour de huit jours, durant lequel ils coururent même tout le pays environnant épouvanté et impuissant, Derby et son armée abandonnèrent Poitiers, chargés de richesses et retournèrent à Bordeaux (1).

Le roi Philippe de Valois voulant indemniser Herbert Berland, seigneur des Halles de Poitiers, des pertes qu'il avait subies, lui accorda le profit de la foire d'octobre, par lettres du 16 décembre 1347. Dans ce but il ordonna sa translation de la Pierre-Levée, aux halles de la ville, où se tenait déjà depuis 1188 la foire de la mi-carême dont jouissait aussi Herbert Berland. Celui-ci se trouva ainsi en possession de percevoir les droits d'étalage des marchands, pendant les deux principales foires, à charge d'entretien des bâtiments des halles. Il fut en même temps décidé que la foire d'octobre durerait trois jours, à partir du lundi après la fête de Saint-Denis. L'enquête faite par le sénéchal le 8 février 1348, reconnut l'utilité du transport de cette foire aux halles (2).

Le même Herbert Berland avait fondé, en 1345, le couvent des Augustins, situé sur la place du Marché-Vieux, aujourd'hui Place-d'Armes. Par son testament du 18 septembre 1356, il légua 140 livres pour l'achèvement de son église, dans laquelle il choisit sa sépulture (3). Cet édifice transformé en magasin subsiste encore avec sa porte, œuvre du sculpteur poitevin Girouard, de la fin du xvIIe siècle.

(1) Froissart, t. IV de l'édition Luce. — Bouchet, *Annales d'Aquitaine,* 195, 196. — *Arch. hist. du Poitou,* t. XIII, 356.

(2) *Mém. sur les halles de Poitiers,* par Rédet. — *Archiv. hist. du Poit.* XIII, 436.

(3) Idem.

Le désastre de 1346 avait ouvert les yeux sur la nécessité de prendre des mesures pour en empêcher le retour. Jacques de Bourbon, seigneur de Leuze, envoyé comme lieutenant du roi en Poitou, autorisa la ville, le 8 février 1347, à lever un droit de péage ou barrage pendant trois ans pour la réparation des fortifications. Guy ou Guigues, comte de Forez, son successeur comme lieutenant du roi, publia le 16 juillet 1347 une ordonnance réglant minutieusement la défense. Trois portes de la ville seulement demeureront ouvertes, et seront gardées chacune par dix hommes. Tous ceux qui sont tenus au service féodal et au guet et garde en la ville seront obligés de s'y rendre en armes sous peine de confiscation. Les postes placés aux portes et autres points périlleux seront augmentés. Tous les habitants de la ville et des faubourgs devront s'armer chacun selon son état. Les gens d'église, eux-mêmes, seront tenus de s'armer ou d'envoyer à leur place des hommes armés à leurs frais. Chaque habitant devra éclairer sa maison pendant la nuit, et avoir à sa porte de grands vases pleins d'eau en cas d'incendie. Les habitants des paroisses de la châtellenie devront envoyer un certain nombre de sergents. Les murs et les tours seront promptement réparés. L'exécution de ce règlement est confiée au sénéchal, au capitaine et au maire de Poitiers, durant tout le temps de la guerre. La mairie était alors entre les mains de Jean Barré (1). Le 25 août 1349, le sénéchal ordonna la réparation de la grande salle du palais, brûlée par les Anglais (2).

(1) Archiv. munic. de Poitiers.
(2) Notes de M. Apollin Briquet.

De nouveaux capitaines généraux se succèdent avec leurs compagnies ; Pierre Flotte, dit Floton de Revel, en juin-août 1348 ; Jean de Lille Ogier, seigneur de Saint-Mars, en janvier 1349 ; Guy de Nesle, sire de Mello, le 9 août 1349, jusqu'en avril 1351, puis encore en septembre 1351, concurremment avec Amaury de Craon, jusqu'en 1352. L'ennemi était encore aux portes de Poitiers, à Lusignan, d'où il ne fut chassé qu'en 1351, par le connétable Charles de Castille dit d'Espagne (1). Le roi Jean séjourna souvent à Poitiers pendant le siège de Saint-Jean-d'Angély, qui se rendit à lui au commencement de septembre 1351 (2).

Les réparations des fortifications étaient l'objet des soins de tous les instants dans ces temps de guerre et de surprises continuelles. Les habitants de Poitiers s'étaient imposés dans le but d'y pourvoir. Mais le produit de ces tailles avait été en partie détourné. Ils portèrent plainte et le roi Jean ordonna au sénéchal, le 4 février 1352, de faire rendre compte aux receveurs. Le 9 mars, le sénéchal confia ce soin à plusieurs commissaires. Les travaux commencèrent. Le maréchal d'Audreham, lieutenant du roi, autorisa la ville à prendre une certaine quantité de bois dans la forêt de Molière, le 7 janvier 1353. Le connétable Charles d'Espagne, le 20 octobre 1353, lui accorda sept cents livres à prélever sur l'impôt de six deniers pour livre récemment assis en la châtellenie de Poitiers.

Jean de Clermont, sire de Chantilly, maréchal de France et lieutenant du roi, par lettres datées de Poitiers, le 31 janvier 1355, fit payer aux maire et échevins, par le

(1) *Archiv. hist. du Poitou*, t. XIII, XVII. — Arch. des Deux-Sèvres.
(2) Froissart, éd. Kervyn. — Chron. normande du xiv⁰ siècle.

receveur de Poitou, une somme de 400 livres destinée
à leur venir en aide pour ces travaux. Le 14 août suivant,
il ordonna au châtelain du château de contraindre les
habitants aux réparations du dit château. Le 6 octobre,
nouvel ordre est donné par lui au prévôt et aux sergents de
contraindre les habitants de la châtellenie à conduire
les matériaux nécessaires aux fortifications de la ville (1)

Le prince de Galles, lors de l'expédition qu'il conduisit
de Bordeaux jusqu'à Romorantin, passa sur l'extrême limite
du Poitou, à Lussac-les-Eglises, le 19 août 1356. Un combat
eut lieu vers cette époque, non loin de Poitiers, entre la
garnison et un parti anglais qui peut-être appartenait
à l'armée du prince. Le maire de la ville, Herbert Guichard,
qui y assistait, tomba entre les mains de l'ennemi. Détenu
et maltraité dans un château par l'anglais qui l'avait pris,
il ne fut relâché qu'avec promesse de payer une rançon de
500 écus cautionnée par le seigneur de Ruffec. Dans le cas
où il ne pourrait s'acquitter, il s'engageait à revenir se
constituer prisonnier, à la Saint-Michel ou à la Toussaint,
au plus tard. Herbert Guichard ne put réussir apparemment
à réunir la somme exigée, car au terme fixé, il rentra dans
sa prison d'où il ne sortit que pour avoir un procès avec sa
caution, au sujet de la rançon (2).

Le prince de Galles battant en retraite fut atteint le
17 septembre 1356, à deux lieues de Poitiers, dans la plaine
de Maupertuis, aujourd'hui la Cardinerie, près de Nouaillé,
par l'armée du roi de France, bien supérieure en nombre.

(1) Archiv. munic. de Poitiers.
(2) Archiv. histor. du Poitou, t. XVII, p. XXXVIII, introd.

7

Il venait de Châtellerault, et le roi Jean arrivait par Chauvigny. Le dimanche 18, pendant que les armées se préparaient au combat, le cardinal de Périgord sortit de Poitiers et chercha, mais en vain, par ses négociations, à prévenir l'effusion du sang. Le prince anglais ne cherchait qu'à se dérober honorablement à cause de l'infériorité de ses forces. Le roi de France n'avait qu'à déployer un peu de patience et d'habileté pour envelopper et vaincre son ennemi sans coup férir. Il en fut tout autrement. On connaît les détails de la célèbre et funeste bataille du 19 septembre que les français perdirent par l'impatience et la folle témérité de la chevalerie. Le roi, prisonnier du prince de Galles, fut traité honorablement par son vainqueur qui lui offrit à souper au château de Savigny l'Evesquault. Vers la fin de la bataille, un grand nombre de fuyards coururent vers Poitiers dont les bourgeois avaient fermé les portes, précaution cruelle mais nécessaire. Atteints par les Anglo-gascons sur la chaussée qui descend à la porte du pont Joubert, les malheureux fuyards furent tous massacrés ou faits prisonniers. Parmi les morts, les poitevins eurent à déplorer Pierre Prévost, capitaine des archers de la ville. Parmi les prisonniers se trouvait Moris Maynet, capitaine de la même ville. Dans la nuit du 19 septembre qui suivit la bataille, Mathieu, seigneur de Roye, sur l'ordre du Dauphin, s'introduisit dans Poitiers, à la tête de cent lances, pour renforcer la garnison. Le château était déjà gardé par une petite garnison particulière sous les ordres du châtelain Martelet du Mesnil, en vertu d'un ordre de Jean, comte de Poitou, lieutenant général au délà de la Loire depuis le 8 juin.

Du reste, le prince de Galles ne songea point à attaquer la ville et s'empressa de gagner Bordeaux avec son royal prisonnier. Le lendemain les habitants allèrent relever les morts les plus illustres sur le champ de bataille et les apportèrent à Poitiers dans de nombreuses charrettes. Une partie fut ensevelie aux Jacobins, une autre aux Cordeliers. Leurs armoiries furent peintes sur les murs des églises de ces deux couvents où leurs noms conservés ont été recueillis plus tard par l'annaliste Bouchet. Beaucoup d'autres morts inconnus reçurent la sépulture dans des fosses communes près des mêmes églises (1)

Le Dauphin Charles, lieutenant du royaume, qui se débattait alors contre les plus grandes difficultés, invita le 15 octobre 1357 la ville de Poitiers à envoyer deux députés aux Etats généraux à Paris, pour le mardi après la Toussaint. En 1359, le 22 avril, il lui demanda encore trois députés pour de nouveaux Etats généraux qui devaient examiner le traité conclu à Londres par le roi Jean (2). L'Assemblée indignée, repoussa, le 25 mai, ce traité qui était honteux et inacceptable. La guerre recommença et aboutit au traité de Bretigny un peu moins onéreux pour la France (8 mai 1360). Le Poitou se trouvait l'une des provinces cédées à l'Angleterre. Boucicaut, commissaire du roi de France, chargé de la pénible mission de les remettre à Jean Chandos, lieutenant d'Edouard III, arriva à Poitiers

(1) Froissart, éd. Luce, t. V. — Idem, éd. Kerwyn de Lettenhove, t. V et XVIII. — Bouchet, *annales d'Aquitaine.* — *Arch. hist, du Poit.,* t. XVII. — Bibl. de Poitiers, pièces originales.

(2) Archiv. munic. de Poitiers.

avec lui par la porte Saint-Ladre, le 22 septembre 1361. Le lendemain, le maire Jehan Barré, les échevins et les bourgeois parmi lesquels Jean Guichard, Guillaume Gargouilleau, Aimeri d'Ayron, Herbert Guichard, Jean Guérineau, Hugues de la Roche, Jean Regnaud, Arnaud Charleton, Jean Bonin, Jean Cointe, Guillaume Aymer, prêtèrent serment entre les mains de Chandos, dans la grande salle du palais. Guillaume de Felton fut créé sénéchal, Jean le Breton, receveur, Regnault Poulailler, prévôt, Gautier Spridlinton et Guillaume d'Appelvoisin, châtelains (1)

(1) *Procès-verbal de délivrance à Jean Chandos,* publié par A. Bardonnet.

CHAPITRE VIII

POITIERS SOUS LA DOMINATION ANGLAISE

Le prince de Galles, nommé prince d'Aquitaine par le roi son père, vint prendre possession de son apanage. Le 13 septembre 1363, il était à Poitiers pour y recevoir les hommages des seigneurs poitevins. Un seul, l'évêque Aimeri de Mons, refusa le serment. Ces cérémonies durèrent jusqu'au 19 novembre. Elles avaient lieu ordinairement au Palais. Quelques-unes se firent à Saint-Pierre et aux Cordeliers. Le prince revint à Poitiers le 17 février 1364. Il y reçut de nouveaux hommages féodaux jusqu'au 10 mars (1). Le 5 mars, il confirma tous les privilèges de la ville. Plus tard, en 1369, dans le but de se concilier plus sûrement les bourgeois, le prince étendit leur juridiction municipale, civile et criminelle, se réservant seulement les cas de lèse-majesté et de fausse monnaie et l'exécution des condamnés à mort. Il décida par le même acte que tous les

(1) *Documents français en Angleterre*, par J. Delpit.

habitants de la ville prêteraient serment au maire et par
conséquent feraient partie de la commune, ce qui augmen-
tait singulièrement l'importance de la magistrature
municipale (1)

La guerre recommença en 1368. Le Poitou devient
l'objectif des efforts des Français qui veulent le reconquérir.
Chandos, connétable d'Aquitaine, puis sénéchal de Poitou,
dirige de Poitiers, son quartier-général, la résistance avec
habileté et énergie. Il avait su se concilier la faveur générale,
particulièrement celle de la chevalerie. Sa mort au combat
du pont de Lussac, le 1er janver 1370, compromet un
instant la cause anglaise. Il avait fondé à Poitiers le couvent
des Carmes (2)

Pressé de toutes parts par les armées françaises qui
faisaient une rude guerre aux anglais, Poitiers était fort
agité. Deux partis divisaient la ville. Le clergé et une
portion des bourgeois tenaient pour la France. L'un d'eux,
Jean Boschet, soupçonné de complot, paya de sa vie ses
sympathies françaises, au mois d'août 1370. L'autre parti,
moins nombreux, dirigé par le maire Jean Regnaut et les
officiers du prince, demeurèrent fidèles à la cause anglaise.
Lorsque le connétable Duguesclin, qui avait pratiqué des
intelligences dans la ville, campa une nuit devant ses murs
à la tête de son armée, l'agitation et l'inquiétude y devinrent
très grandes (1372). Jugeant qu'il n'y avait encore rien
à faire, il alla prendre Moncontour. Les poitevins du parti
anglais s'empressèrent alors de demander du secours au

(1) Archiv. munic. de Poitiers.
(2) Bouchet.

sénéchal Thomas de Percy, occupé ailleurs. Jean d'Evreux et le sénéchal arrivèrent bientôt avec 100 lances. Duguesclin, ajournant son projet, marcha sur Sainte-Sévère en Limousin, où il rejoignit l'armée des ducs de Berry et de Bourbon. Thomas de Percy et Jean d'Evreux, quittant Poitiers dont ils confièrent la garde au maire Jean Regneut, coururent rallier le captal de Buch, qui voulait faire lever le siège de Saint-Sévère. Aussitôt la division s'accentua parmi les bourgeois presque réduits à leurs propres forces. Les deux partis furent sur le point d'en venir aux mains. Pendant que le parti français faisait connaître par un message à Duguesclin l'état de la ville et l'invitait à venir sans retard en prendre possession, le maire, de son côté, envoyait prévenir Thomas de Percy. Le connétable, plus rapide, franchit trente lieues par une marche forcée avec 300 lances d'élite.

Arrivé devant Poitiers avec le duc de Bourbon dans la soirée du 6 août 1372, il somma les bourgeois de lui ouvrir les portes. L'instant était critique. Le Conseil, après une séance orageuse, décida qu'on se rendrait à la porte de la ville pour parlementer avec le connétable. Pendant ce temps-là, le petit nombre d'Anglais demeurés à Poitiers suivis des officiers publics et de leurs partisans, prévoyant bien l'issue fatale des négociations, se réfugièrent dans le château. Les bourgeois, à moitié gagnés, ne pouvaient pas résister à l'attitude ferme et généreuse de Duguesclin. Complètement rassurés d'ailleurs par la promesse qu'il leur donna de faire maintenir leurs privilèges et coutumes, ils l'introduisirent dans la ville. Ce fut dans la matinée du samedi 7 août que se produisit ce grand événement. Le peuple, accouru en foule au-devant du libérateur, le reçut avec des transports de joie et le conduisit à la cathédrale où l'évêque chanta un *Te Deum* d'actions de grâces. Quelques heures après, le duc de Berry, arriva de Chauvigny, reçut la soumission officielle de ses anciens sujets, ordonnant sous peine de mort, de ne leur faire aucun préjudice. Il n'était que temps, car Jean d'Angle, envoyé par Percy, au secours de Poitiers, se présentait aux portes vers l'heure de midi, à la tête de cent lances anglaises. Mais à la nouvelle des événements, il se retira précipitamment.

Cependant le château, dernier refuge des Anglais décidés à la résistance, constituait encore une menace qu'il importait de faire disparaître. Dès le lendemain dimanche, Duguesclin le fit attaquer par le duc de Bourbon, aidé du peuple qui se mit à combler les fossés au moyen de fascines et de toutes sortes de matériaux. L'assaut fut long et difficile. Guichard de Chateaumorand y entra le premier après avoir planté sur les murailles la bannière du duc de Bourbon. Les vainqueurs massacrèrent ou mirent à rançon les Anglais, mais épargnèrent autant qu'ils le purent les Poitevins qui avaient suivi leur fortune. Ils trouvèrent dans le château un riche butin qu'ils se partagèrent (1).

---

(1) Froissart édit. Kerwyn de Lettenhove, t. VIII et XXV, p. 191. — *Hist. de Duguesclin*, par Hay du Chastellet, p. 210. — *Arch. hist. du Poitou*, t. XIX, p. 121, 123, 170, 171. — *Chronique de Duguesclin*, par Cuvelier, t. II. — *Chronique du duc de Bourbon*, p. 90. — *Chronique des quatre premiers Valois*, p. 238. — *Froissart, éd. Luce*, t. VIII, *sommaire*, XXXIV.

CHAPITRE IX

RETOUR DE POITIERS A LA FRANCE
LE DUC DE BERRY, COMTE DE POITOU

Le duc de Bourgogne suivi de toute son armée ne tarda pas à venir rejoindre le duc de Berry et Duguesclin à Poitiers. Durant tout l'automne et l'hiver, cette ville devint leur quartier général d'où ils dirigèrent les opérations militaires pour l'achèvement de la conquête de la province. Le roi Charles V récompensa, par de précieuses faveurs, la fidélité des habitants. Il les exempta pour dix ans des tailles, gabelles, subsides et impositions de toutes sortes. Il les prit sous sa sauvegarde et accorda aux maires et vingt-quatre échevins ou conseillers, la noblesse héréditaire. Les lettres du roi mentionnent les noms du maire et de quelques échevins alors en exercice, Jean Bigot, maire, Aymeri Dairon, Guillaume Gargoilleau, Simon Mouraut, Jean de Taunay, Jean Regnaut. Ce dernier, naguère si partisan des Anglais, avait donc non-seulement été pardonné, mais participait en outre aux faveurs des plus fidèles (décembre 1372) (1).

Jean, duc de Berry, reconstruisit le château de Poitiers, dont une partie avait été détruite par l'assaut de 1372. Le nouvel édifice, situé comme l'ancien, au confluent du Clain et de la Boivre, affectait la forme triangulaire. Il défendait la porte Saint-Lazare et le pont de Rochereuil. Il communiquait avec la rive droite du Clain, par un pont fortifié, dont on aperçoit encore les piles. Les travaux qui durent commencer avant 1378 furent dirigés par un habile architecte du duc, nommé Guy de Dammartin. Ils étaient en pleine activité en 1383-1385, car on construisait alors la tour, située du côté de Saint-Ladre, et celle placée sur le bord du Clain, on posait les toitures des galeries et du pavillon de la porte d'entrée du côté de la ville et on établissait, près de la chapelle, un oratoire particulier. Il ne subsiste plus aujourd'hui de cette belle résidence que les débris mutilés de deux tours sur le bord de la rivière. On a découvert récemment dans une pierre des fondations, un Agnus Dei en cire blanche, au nom du pape Grégoire XI (1370-1378), placé là au commencement des travaux (2).

La ville de Poitiers doit au même prince la magnifique

(1) Archiv. munic. de Poitiers. — *Arch. hist. du Poitou*, t. XIX, 229-242.

(2) *Mém. des Antiq. de l'ouest*, t. VII, p. 148. — *Bull. idem.*, t. III, 2ᵉ série, p. 92. — Arch. nat. JJ. 127, p. 96. — *Gazette archéologique*, 1887, nᵒˢ 3, 4 ; art. de M. de Champeaux sur les travaux d'architecture du duc de Berry.

façade méridionale du palais et l'imposante tour Maubergeon qui l'accompagne. La grande salle, brûlée par les
anglais en 1346, ne fut pas maintenue par l'architecte du
comte dans sa longueur primitive. On la diminua au moins
du quart et on la ferma de ce côté par un pignon gigantesque
percé de trois grandes fenêtres à meneaux flamboyants du
plus grand effet. Au dessus et entre chacune des fenêtres,
du côté de l'intérieur de la salle, quatre statues remarquables sont placées sur des socles et abritées par des dais.
Elles représentent Charles V et Jeanne de Bourbon, le duc
de Berry et sa femme, Jeanne d'Armagnac. Du côté de
l'extérieur, le pignon, d'un effet non moins grandiose, est
flanqué de deux élégantes tourelles en encorbellement
contenant des escaliers. La tour Maubergeon remplaça celle
du XIIᵉ siècle, dont on ignore la forme. C'est un vaste
rectangle flanqué sur ses quatre angles de quatre grosses
tours rondes. Les contreforts sont surmontés de quatorze
statues représentant des personnages inconnus en costumes
civils du XIVᵉ siècle. Les travaux de reconstruction et de
réparation du palais de Poitiers étaient commencés dès
1383 au moins, sous la direction de Guy de Dammartin,
maître général des œuvres du duc de Berry, aidé de Jean
Guérart, qui lui succéda après sa mort vers l'année 1400.
Ils n'étaient pas encore terminés en 1408 (1).

La tour Maubergeon, depuis longtemps découronnée,
était recouverte à l'origine d'une toiture en plomb estampé

(1) *Mém. des Antiq. de l'ouest*, VII, 173. — *Bull.* idem, IX, 375, 382 ;
3ᵉ trim. 1886, p. 107. — Arch. nat. J. 182, nᵒˢ 108, 110. — *Gazette
archéol.* 1887.

peinte et dorée, œuvre d'ouvriers spéciaux, venus de
Bourges et de Mehun-sur-Yèvre. Les sculptures et les statues
furent exécutées par des artistes flamands, Jean de Huy et
Hennequin le Flamant. Mais on ne connaît pas les auteurs
des quatre belles statues du grand vitrail. Le pavage des
salles de la tour Maubergeon était en faïence émaillée aux
armes du duc de Berry (1). Plus tard une partie de la charpente du palais ayant été renversée par un ouragan, le
9 juillet 1597, fut réparée, en même temps que la chapelle
était rebâtie, en 1603, grâce aux soins d'André Richard,
maire et receveur général des finances (2).

Un autre monument, d'une véritable utilité publique pour
la ville, le gros horloge, est dû à l'initiative de Jean de
Berry. Il aida puissamment la commune dans cette œuvre
dont le corps de ville surveilla les travaux et que les
habitants payèrent en partie de leurs deniers, mais que
dirigea principalement Guy de Dammartin, maître des
œuvres du duc. La tour de l'horloge fut placée en face de
l'église de Notre-Dame et adossée à l'aumônerie du même
nom, plus tard l'Hôtel-Dieu. C'était une tour massive
rectangulaire en maçonnerie, de 11 mètres sur 8 mètres, et
haute de 14 mètres, reposant sur neuf piliers avec arcades,
ouvertes au public. Le premier étage, voûté, servit de
chapelle à l'Hôtel-Dieu, avec lequel il communiquait.
Au-dessus, s'élevait une énorme charpente surmontée d'une
lanterne pour la cloche. La hauteur totale de l'édifice était
de 128 pieds. En 1385, sous l'administration du maire

(1) Gazette archéologique 1887.
(2) Liste des maires, ap. dom Fonteneau, t.   33.

James Guichart, les travaux étaient en pleine activité. Le
duc avait donné mille livres aux maire et échevins.
Il ajouta, en 1386, 500 francs d'or à prélever sur les aides
de la province ; puis il autorisa en même temps la ville
à lever sur les habitants, sans exception, une somme
de 800 livres. Enfin au mois d'août, il donna encore
mille francs d'or sur un nouvel aide, plus une autre somme
égale en 1387. La grosse cloche, fondue par Jean Osmont,
de Paris, le 4 avril 1387, fut montée dans la tour à la fin de
novembre. Pierre Merlin, horloger, confectionna le
mécanisme et en fut nommé garde et gouverneur par
le duc, en 1388, avec cent livres de gages par année. Mais
les marteaux trop pesants ayant brisé la cloche en 1396, il
fallut en faire refondre une autre plus grosse par Guillaume
de Roucy. L'opération eut lieu au mois d'octobre. Le duc
de Berry indemnisa la ville de ces nouvelles dépenses. Le
gros horloge de Poitiers a subsisté jusqu'en 1787, époque
à laquelle la vétusté de la charpente obligea la ville de faire
descendre, par les soins de l'architecte Galland, cette cloche
antique et historique connue du peuple sous le nom
de Balthazar, et dont le poids atteignait 18,000. Elle fut
vendue et brisée en 1805, et la tour démolie en 1813 (1).

Grand ami des arts et des constructions, le duc de Berry,
dût certainement contribuer à l'achèvement de la cathédrale,
dont la dédicace eut lieu en sa présence, le 18 octobre 1379,
sous l'épiscopat de Bertrand de Maumont. Il lui donna une
magnifique châsse en or décorée de pierres précieuses.

(1) Arch. munic. de Poitiers — *Bull. des Antiquaires de l'Ouest,*
1845, p. 221. — *Mémoires idem,* t. VII.

Plusieurs parties de la façade et des tours n'étaient pourtant pas encore terminées. On y travailla jusque dans le siècle suivant. Le duc de Berry avait pris pour son chancelier le célèbre Simon de Cramaud, qui devint évêque de Poitiers et à l'installation duquel il assista le 5 février 1388. Ce prélat, nommé patriarche d'Alexandrie, en 1391, puis cardinal, prit une part honorable aux difficiles négociations qui eurent pour but la paix de l'église pendant le grand schisme. Ithier de Martreuil et Gérard de Montaigu, ses successeurs sur le siège de Poitiers en 1396 et 1405, furent aussi chanceliers du duc de Berry (1). Ce prince s'était attaché un autre homme remarquable, Etienne de Loypeau, trésorier de Saint-Hilaire, de 1377 à 1382, puis évêque de Luçon, en 1388. Il lui avait donné la garde de ses reliquaires et objets d'art (2). C'était en effet un fin collectionneur de tout ce qu'il y avait de rare et de curieux. Un très ancien et précieux manuscrit, contenant la légende de sainte Loubette, existait dans le cartulaire de Saint-Pierre-le-Puellier, à Poitiers. Le duc se le fit donner pour sa bibliothèque et le remplaça par une belle copie et une riche reliure en argent doré. Ce cartulaire dépouillé, il est vrai, de cette reliure, est conservé à la bibliothèque de la ville (3).

Durant le dernier quart du xive siècle, la ville ne cessa de faire travailler à ses fortifications, car malgré l'expulsion des anglais, la sécurité était loin d'être complète. Il y avait

(1) *Hist. de la cathédrale*, par l'abbé Auber.
(2) *Bibl. de l'école des Chartes*, 1887.
(3) Rapport sur les titres de Saint-Pierre-le-Puellier, par M. Rédet.

toujours des hostilités, des courses de pillards et des surprises de places en Saintonge et sur les frontières du Poitou. En avril 1380, les bourgeois et gens d'église de Poitiers votèrent une taille de 1100 livres à répartir sur la ville et châtellenie. On l'employa immédiatement à des réparations sur tout le pourtour de l'enceinte, notamment aux murs de la Tranchée, bretresches et créneaux depuis le Clain jusqu'à la tour sur l'étang de Saint-Hilaire, et aux murs neufs sur le marais. Le portal de Bajon fut exhaussé (1).

En avril 1384, la ville perçut dans le même but le quart des aides de la châtellenie, par octroi du duc de Berry, sous la mairie de Pierre Regnaut (2). Le produit des droits du barrage y fut aussi consacré en 1386 et 1387, notamment à la réparation des fondations des portes du pont Joubert et de la Tranchée, ainsi qu'aux pavés des rues. En 1393, on reconstruisit le mur, depuis la première tour neuve, sur l'étang de Saint-Hilaire, tout le long dudit étang, jusqu'à une autre tour neuve. La tour dite de feu Aymar de Beaupuy, près la porte de Pont-Achart, fut exhaussée d'un étage, la même année, sous la mairie de Denis Gillier. Le duc de Berry avait donné 500 livres sur les aides, pour ces travaux. En 1394, les vieux murs, le long des marais de Montierneuf, furent réparés. En 1395, on reconstruisit la muraille depuis le pont de Rochereuil jusqu'au château. En 1397, le mur de la tranchée, entre la tour Maumussart et la tour Barré, fut exhaussé et de nouvelles maçonneries furent exécutées entre cette dernière tour et la grande tour

(1) Arch. municipales.
(2) Arch. départ. E. 6, 4.

ronde. Tous ces travaux constituaient une charge très
lourde pour la ville, malgré les nombreux subsides du duc
de Berry qui, d'ailleurs, étaient toujours supportés par les
habitants, puisqu'ils provenaient des aides générales impo-
sées sur la province. Le corps de ville fut même obligé de
demander au duc, en 1396, la levée du dixième du vin
vendu en détail, qui lui fut accordée le 3 août, et qui
demeura dans la suite un impôt ordinaire et perpétuel.
De tous ces murs élevés ou réparés à grands frais à cette
époque, il ne subsiste plus qu'une partie encore assez bien
conservée entre la porte de la Tranchée et la vallée de la
Boivre, qui coule sur l'emplacement de l'ancien étang de
Saint-Hilaire (1).

Le duc de Berry, qui venait d'épouser en secondes noces
Jeanne de Boulogne, vint avec elle à Poitiers à la fin de
l'année 1389. Les Poitevins reçurent avec solennité leur
nouvelle comtesse et lui offrirent deux gobelets d'or
garnis de pierres précieuses. La conduite du duc envers
eux, bien différente sans doute de celle si odieuse qu'il avait
tenue dans son gouvernement du Languedoc, ne lui avait
pas attiré, comme dans cette province, les malédictions du
peuple (2).

Les magistrats du Parlement de Paris envoyèrent une
commission tenir les Grands jours à Poitiers, en septembre
1387. Le corps de ville leur offrit un dîner le jour de leur
arrivée. Une autre session des Grands jours eut lieu en 1390,
une troisième au mois d'octobre 1396 et une quatrième en

(1) Archives municipales.
(2) Archives municipales.

1405. Dans cette dernière, les magistrats dressèrent plusieurs règlements judiciaires.

Le 3 octobre 1406, Louis, duc d'Orléans, suivi du connétable Charles d'Albret et de toute une armée, passa à Poitiers, et logea au château. Le maire Jean Macé, le sénéchal Jean de Torsay, le trésorier de Saint-Hilaire et Casin de Séranvilliers, chambellan du duc de Berry, lui offrirent, de la part du corps de ville, des présents, consistant en provisions de bouche. On prit des mesures de police pour le logement des gens d'armes dont la ville était encombrée, mais dont elle n'eut pas trop à souffrir, grâce aux précautions prises par le fourrier du duc de Berry. Puis le duc d'Orléans partit pour Blaye et Bourg qu'il tenta en vain d'enlever aux Anglais (1).

En 1407 et 1408, le maire Jean Macé fit réparer et reconstruire en grande partie le mur de ville avec ses machicoulis depuis la porte Saint-Ladre jusqu'à la tour de l'Œuf. Il fit achever cette tour, reconstruire la tour Blanche, près Saint-Simplicien, le mur contigu jusqu'à la tour Patrin, et une autre portion entre cette tour et la porte Saint-Cyprien (2). De nouvelles et importantes réparations furent encore exécutées en 1411 et 1412, sous les mairies de Guillaume Partenay et Guillaume Taveau de Mortemer, au moyen de 400 écus, octroyés par le duc de Berry, sur l'aide de 40,000 écus, voté aux Etats de Poitou, à Niort, en juillet 1411. On reconstruisit des pans de mur et des machicoulis entre la porte de la Tranchée et l'étang, d'une

(1) Archives municipales.
(2) Bibl. de Poitiers, man. 242, f. 66. — Archives municipales.

8

part, et la dite porte et la tour Maumussart, d'autre part. On refit à neuf la porte de Tison et le mur jusqu'à la tour, au coin du champ l'Evêque (1).

La guerre civile des Armagnacs et des Bourguignons qui sévissait alors, ne justifiait que trop bien ces précautions. Comme le duc de Berry était un des principaux chefs du parti Armagnac, le roi Charles VI ordonna la confiscation de son comté de Poitou. Le sire de Heilly, envoyé à cet effet, se présenta devant Poitiers, au mois de janvier 1412. Casin de Séramvilliers, qui y commandait au nom du duc de Berry, se rendit, et lui livra la ville sans résistance (2). Les bourgeois s'empressèrent d'obtenir du roi, par le sire de Heilly, l'exemption de la moitié des aides pendant cinq ans (18 avril 1412). Le duc de Berry rentra bientôt en possession du Poitou, par la paix d'Auxerre (22 août). Le 6 septembre 1412, ses commissaires, le sire de Barbazan et le sénéchal de Poitou, vinrent à Poitiers, qui leur fut remis par Jean Harpedenne, sire de Belleville, lieutenant du roi (3). Lui-même ne tarda pas à s'y rendre, et le 12 février 1413, nomma Pierre d'Argentré, capitaine du château (4). Trois ans après, il mourait à Paris, le 15 juin 1416. Le corps de ville de Poitiers fit célébrer à la cathédrale un service pour le repos de son âme. Le roi donna le Poitou en apanage à son fils Jean, duc de Touraine. Celui-ci étant mort le 5 avril 1417, le roi donna le Poitou, le 17 mai, à son

(1) Archives municipales.
(2) *Chronique du religieux de Saint-Denis*. IV, 611.
(3) Archives municipales.
(4) Bibl. de l'arsenal, man. fr. 3912.

dernier fils, Charles, devenu ainsi Dauphin et héritier de la couronne.

Le 8 octobre 1417, le corps de ville de Poitiers réuni en assemblée générale, présidée par le maire Jean Larcher, jura sur les saints évangiles *d'être tous unis et vrais, loyaux et obéissants au roi et à M. le Dauphin, notre naturel seigneur, contre tous leurs ennemis et adversaires* (1). Le Dauphin, chassé de Paris en 1418, par la faction Bourguignonne, se réfugia dans les provinces de son apanage et y organisa le gouvernement en qualité de lieutenant général du royaume. Le 15 août il arrivait à Poitiers où il recevait l'hommage et les présents de la ville. Par ordonnance du 21 septembre, il y institua un Parlement composé de Jean de Vailly, premier président, Jean Jouvenel des Ursins, président, Guillaume Thoreau, Arnault de Marle, Bureau Boucher, maîtres des requêtes, Jean Tudert, Guillaume de Marle, Guillaume de Launay, Guillaume Guérin, Nicolas Potin, Jean Gentien, Jean Girard, Adam de Cambray, Hugues Combarel, Thibaut de Vitry, Guillaume de Quiesdeville, Nicolas Eschalard, conseillers. Le Parlement s'installa au palais. Il s'augmenta dans la suite de beaucoup d'autres membres, Jean Rabateau, avocat général, Guillaume Gouge de Charpeignes, Jean Bernard, Gérard le Boursier, etc. (2).

On traversait alors une terrible période d'anarchie. La commune de Poitiers qui servit toujours avec zèle la

(1) Archives municipales, rég. 1, f. 106.
(2) Ordonn. X. — Le *Parlement de Poitiers*, par Neuville. — *Histoire de Charles VII*, par de Beaucourt, t. 1.

cause du dauphin Charles, envoya, en 1419, sa milice armée
au siège de Parthenay, dont le seigneur tenait le parti
Bourguignon. Le dauphin revint à Poitiers à la fin de juin
1420, rejoindre le comte de Vertus, qu'il avait chargé
de la réunion d'une petite armée avec laquelle il alla à
Saumur. Le 27 février 1421, on l'y retrouve faisant un
joyeux accueil aux auxiliaires écossais au nombre de quatre
à cinq mille qui lui arrivaient par la Rochelle, sous les
ordres des comtes de Buchan et de Wigton. Le 24 mars,
ayant appris la victoire remportée à Baugé sur les Anglais,
il fit célébrer à la cathédrale une messe d'actions de
grâces (1).

---

(1) *Hist. de Charles VII*, par de Beaucourt, I, II.

CHAPITRE X

POITIERS SOUS CHARLES VII

Devenu roi, en 1422, Charles VII rendit une ordonnance au mois de novembre, réglant le prix des denrées et marchandises, dans la ville et châtellenie de Poitiers. En vertu de son mandement du 8 décembre, les bourgeois du corps de ville députèrent deux d'entre eux, Jean Guischart et Jean Larcher pour les représenter le 16 janvier, aux Etats généraux d'Issoudun, prorogés ensuite à Celles, en Berry, le 10 mars 1424. On y vota un million de francs sur lesquels le roi accorda mille livres à la ville. Charles VII vint à Poitiers vers le 5 août 1424. Le corps de ville lui offrit comme don de joyeux avènement, une coupe et une salière d'or. Le 1er novembre, le roi réunit à Poitiers une Assemblée d'Etats qui lui vota une aide de 50,000 livres. Il revint s'installer avec une cour nombreuse au château de Poitiers, pendant les mois d'avril et mai 1425, et donna à Pierre Frotier, les charges de sénéchal de Poitou et de capitaine de la ville. Il y avait alors une lutte

violente à la cour entre Louvet et le connétable de
Richemont. Ce dernier, l'ayant emporté, vint trouver le roi
à Poitiers le 10 juillet. Le comte de Foix y arriva le
18 septembre avec ses gens d'armes gascons et reçut un
brillant accueil. Les Etats généraux de Languedoil,
s'y réunirent, le 16 octobre, au château, pendant quatre
jours. L'évêque de Poitiers, Hugues de Combarel, fit de
courageuses remontrances contre les violences des gens de
guerre. L'assemblée vota 800,000 francs. Le roi quitta
ensuite Poitiers le 23 octobre, mais avant son départ il
y institua une cour des aides composée de Hugues
Combarel, Maurice Claveurier, Thibaut de Vitry, Geoffroy
Vassal, Aimeri Marchand, Guillaume le Tur, Jean
Chastenier (1).

Un événement tragique ensanglanta la cour pendant un
nouveau séjour qu'elle fit au château de Poitiers, au mois
de juin 1427. Jean le Camus de Beaulieu, commandant
d'une compagnie de la garde du corps, grand maître et
capitaine de Poitiers, favori intime de Charles VII, exerçait
sur son esprit une influence fâcheuse. Le connétable de
Richemont, qui rencontrait en lui un obstacle à sa politique
et au bien général, résolut de le faire disparaître. Il chargea
de ce soin le maréchal de Boussac. Des hommes apostés
assassinèrent Beaulieu, pendant une promenade qu'il faisait
dans une prairie, située de l'autre côté du Clain, presqu'en
face du château. Le roi, averti par le compagnon de son
favori revenant seul fort épouvanté, témoigna un vif

---

(1) *Histoire de Charles VII*, par de Beaucourt, I, II. — Archiv.
munic., rég. délib.

mécontentement. Mais il fallut s'incliner devant l'impérieux connétable (1).

Un des serviteurs les plus dévoués de Charles VII, Jean de Torsay, grand maître des arbalétriers, sénéchal de Poitou, décédé récemment, avait légué à la ville de Poitiers, sa grande dîme de Naintré et une rente de vingt livres sur sa maison de Poitiers. Moyennant ces libéralités, les maires, institués ses exécuteurs testamentaires à perpétuité, devaient faire célébrer un service solennel le jour de l'octave de la Toussaint de chaque année, dans l'église de Notre-Dame, où Jean de Torsay avait choisi sa sépulture dans sa chapelle. Ils devaient faire dire trois grandes messes et treize messes basses le même jour, et distribuer des aumônes indiquées dans son testament à treize pauvres et à tous les moines et chanoines de la ville, assistants au service. Les cent bourgeois du corps de ville étaient invités également par le testateur à la même cérémonie funèbre, et devaient recevoir une indemnité quand ils viendraient y prier pour son âme. Jean de Torsay légua en outre à la ville deux cents livres destinées à la réparation de la maison de l'échevinage, à la condition que son portrait serait placé dans une des salles. Fidèle observateur des volontés de son bienfaiteur, le corps de ville a toujours fait célébrer son anniversaire, suivant les prescriptions de son testament (2)

Dès 1429, il s'empressa de profiter de la donation en

(1) *Histoire de Charles VII*, II, 141, 142. — *Le connétable de Richemont*, par Cosneau, 140.

(2) Archiv. munic. comptes. — Copie du testament à la bibl. de Niort.

l'appliquant, comme il le devait, à la réparation de la maison de l'échevinage. Des reconstructions et des agrandissements très importants y furent exécutés pour une somme même supérieure à celle du testament. Outre une portion entièrement neuve, on construisit une grande porte principale surmontée de créneaux. Les travaux durèrent jusqu'en 1430 (1).

Au milieu des dissensions lamentables de la cour et de l'anarchie croissante, apparaît tout à coup la consolante figure de Jeanne d'Arc. Le roi, profondément impressionné par une révélation de cette jeune fille, l'amena à Poitiers, à la fin de mars ou au commencement d'avril 1429, dans le but de la faire interroger par les docteurs et les membres du conseil. Jeanne descendit à l'hôtel de la Rose, rue Saint-Etienne, aujourd'hui rue Sainte-Marthe, chez Jean Rabateau, avocat général au Parlement, à la femme duquel elle fut confiée. Une commission de docteurs composée de Jean Lombart, Guillaume le Maire, chanoine de Poitiers, Guillaume Aimeri, Pierre Turrelure, Pierre de Versailles, frère Seguin, Pierre Seguin, Jean Erault, Mathieu Mesnage, vint l'examiner avec un soin minutieux et une défiance véritable. Jeanne les confondit par ses réponses pleines de bon sens, de simplicité et d'assurance. La commission conclut que le roi devait l'envoyer à Orléans afin de la mettre en mesure de prouver sa mission. Elle avait, en effet, promis de délivrer la ville d'Orléans depuis longtemps assiégée par les Anglais et aux bourgeois de laquelle la ville de Poitiers avait fait une offrande patriotique de neuf cents

(1) Archiv. munic , J. 788, liasse 30 ; J. 923. liasse 31.

livres au mois de décembre 1428. Jeanne d'Arc, en quittant l'hôtel de la Rose pour entreprendre cette grande expédition, monta à cheval en se servant d'une borne, située au coin de la rue, borne précieusement conservée sous le nom de *Montoir de la Pucelle*. L'enthousiasme général l'accompagna jusqu'à son départ et la suivit longtemps après (1). Bientôt, quand on apprit à Poitiers ses succès et le sacre du roi à Reims, cérémonie à laquelle assistait un citoyen de la ville, M° Jean Barbe, le Parlement alors en séance, le 18 juillet 1429, interrompit les plaidoiries et se transporta avec le corps de ville à la cathédrale, où fut chanté un *Te Deum* d'actions de grâces (2). Une tour des remparts, bâtie en 1429 à Tranchepied, sur l'étang de Montierneuf, reçut le nom de *Tour de la Pucelle*, en mémoire de l'héroïne (3).

Le Parlement devait encore siéger plusieurs années à Poitiers. On augmenta successivement le nombre de ses membres et le roi lui adjoignit même momentanément, en 1428, le Parlement de Toulouse. Son rôle était loin d'être facile. Chargé de réprimer les actes de brigandage commis de toutes parts par de petits seigneurs indociles et des capitaines de gens de guerre indisciplinés, il vit souvent ses arrêts bravés et impuissants. Néanmoins il ne cessa de lutter

(1) *Chronique de la Pucelle*, par Guillaume Consinot. — Procès de Jeanne d'Arc, par Quicherat, t. III. — *Mém. des Antiq. de l'Ouest*, t. XXXVI, 13. — Archiv. munic.

(2) *Histoire de Charles VII*, par de Beaucourt, II, 230. — Archiv. munic.

(3) *Mém. des Antiq. de l'Ouest*, VII, 407.

avec une certaine énergie contre cette anarchie désolante.
Il eut même recours, en 1434, à un remède suprême. Il invita
le peuple à se lever en masse pour l'exécution de ses arrêts
contre les malfaiteurs. C'est évidemment en vertu de cet
ordre, en même temps que dans l'intérêt de la sécurité
publique, que le corps de ville organisa, en 1436 et 1437,
des troupes de bourgeois armés, jusqu'au nombre de trente,
chargés sous un chef élu et à la réquisition du maire,
de faire des sorties et de nettoyer les chemins environnants
des brigands qui les infestaient (1). Lorsque Paris eut été
repris sur les Anglais en 1436, le Parlement reçut le
10 août l'ordre d'y retourner. La séance de clôture
à Poitiers eut lieu le 20 octobre. Le concierge du Palais,
Clément de Reillac, inventoria les tapisseries et les meubles
de la grand'chambre, de la chambre du conseil et de la
chapelle. On les transporta chez Adam de Cambray, premier
président. Avant leur départ de Poitiers, les magistrats
jugèrent un dernier procès dans l'église de Saint-Paul (2).
Le roi pourvut à l'administration de la justice par la
création d'un siège royal dont Maurice Claveurier, alors
maire, fut le premier lieutenant général, et déclara la ville
définitivement unie à la couronne (août 1436) (3).

Depuis longtemps la ville de Poitiers désirait rendre le
Clain navigable. Charles VII autorisa les travaux en 1429.
Le vicomte de Châtellerault autorisa de son côté le corps
de ville à faire ouvrir les écluses et chaussées sur l'étendue

(1) Archiv. municipales, rég. 2 des délibérations.
(2) Le Parlement de Poitiers, par Neuville.
(3) Archiv. munic., A. 29.

de ses domaines. Les travaux furent menés assez rapidement durant l'année 1430, car au mois d'octobre le maire et une commission de bourgeois allèrent visiter les *portes et bous chaulx du navigage* du Clain jusqu'à Beaumont. Au mois de novembre, la ville paya mille livres pour les frais de maçonnerie et charpenterie nécessaires à l'ouverture de la navigation, depuis le château de Poitiers jusqu'à la Vienne. Interrompus faute d'argent, les travaux reprirent en 1460 seulement. On fit venir des bords de la Loire des nautonniers et des hommes compétents qui visitèrent le Clain et donnèrent leur avis. En 1461, la ville s'associa à la grande compagnie des marchands d'Orléans, et fit construire six portes sur le Clain, jusqu'auprès de Naintré. L'entreprise ne semble pas avoir été poussée plus loin à cette époque. Ce ne fut que sous François Ier qu'on lui donna une nouvelle impulsion (1).

La création de l'université allait devenir pour Poitiers la source d'une prospérité bien autrement considérable. Elle fut instituée par bulle du pape Eugène IV, du 28 mai 1431, rendue à la sollicitation du roi et de l'échevinage poitevin. Le trésorier de Saint-Hilaire en était nommé chancelier perpétuel. Charles VII la sanctionna par lettres patentes du 16 mars 1432, la prit sous la sauvegarde royale et lui donna pour juges et conservateurs les lieutenants du sénéchal. Maurice Claveurier remplissait alors ces fonctions et en même temps celles de maire de la ville.

Le 1er février 1432, une nombreuse assemblée de docteurs, de conseillers au Parlement, d'échevins et de

(1) Archiv. munic. comptes. — *Mém. des Antiq. de l'Ouest*, VII, 423.

gradués dans les diverses facultés, réunie dans le chapitre de Saint-Hilaire-de-la-Celle, organisa l'université, en dressa les statuts et en nomma les officiers. Jean Lambert, professeur en théologie, fut créé recteur. Les premières leçons furent faites au couvent des Jacobins, le 5 février, par Pierre Baston, abbé de Saint-Maixent, docteur ès-décrets, pour la faculté de théologie; le 6 février, par Jacques Porchet, pour la faculté de médecine; le 7 février, par Guillaume le Breton, maître ès-arts, pour la faculté des arts; le 11 février, par Guillaume Letur, docteur ès-lois, pour la faculté de droit. L'université était divisée en quatre nations: France, Aquitaine, Touraine, Berry, dont les procureurs avaient la nomination du recteur. Des privilèges considérables lui étaient accordés. Le corps de ville fit construire, en 1447 et années suivantes, un grand bâtiment long de 96 pieds, destiné à l'université. Il était situé derrière la maison de l'échevinage, le long de la rue *Terrière* ou *Rousturière*, appelée depuis rue des Grandes-Ecoles. En 1459 et 1460 on y ajouta un autre bâtiment pour la librairie ou bibliothèque qui ne fut terminé qu'en 1465, sous la mairie de Jamet Gervain. C'est celui qui subsiste encore. L'université, favorisée par le corps de ville, qui y attirait des professeurs par l'appât de pensions, prit de rapides développements. Sous Louis XII elle comptait quatre mille écoliers (1).

Jean Lambert, le premier recteur de l'université et docteur en théologie, était chapelain de l'ancienne chapelle

(1) *L'Université de Poitiers*, par Pilotelle, ap. *Mém. Antiq. de l'Ouest*, t. XXVII. — Archiv. munic.

de Sainte-Opportune, depuis 1425. C'était dans cette église, dépendance de Montierneuf et située en la paroisse de Saint-Cybard, que se soutenaient les thèses de théologie. Elle fut érigée en paroisse en 1444 et agrandie en 1446, grâce à l'influence et aux libéralités de Jean Barbe, avocat du roi et ancien maire, qui y fut enseveli en 1458. Pierre Mamoris en était alors curé, depuis 1443, et docteur en théologie. Comme les curés de Sainte-Opportune présidaient les thèses de théologie, il fut décidé qu'ils seraient toujours gradués dans cette faculté (1).

Charles VII séjourna à Poitiers depuis le mois de mars 1431, jusqu'à la fin de mai. Le Parlement jugeait alors le procès de Louis d'Amboise, vicomte de Thouars, et de ses complices sous la pression de la Trémouille. Le roi y réunit une assemblée partielle des Etats de Languedoil, au mois de janvier 1435, pour lui demander le vote des anciennes aides pour la guerre. Malgré une résistance assez vive, elles furent votées pour quatre ans et une somme de 120,000 livres fut accordée. Mais, dans le courant de l'année, le roi, tenant compte du vœu général, les remplaça par une taille (2).

Marguerite d'Ecosse, la nouvelle épouse du Dauphin qui venait d'arriver à la Rochelle, passa, au mois de mai 1436, à Poitiers, où elle fut reçue solennellement par le Parlement et l'université (3). Le roi, qui ne fit que passer à Poitiers

(1) *Bull. des Antiq. de l'Ouest,* VIII. — *Archiv. hist. du Poitou,* t. XV, 337.

(2) *Histoire de Charles VII,* par de Beaucourt, II, 306, 599.

(3) *Idem,* III, 36.

avec le Dauphin, en février et mai 1438, puis le 14 février 1439, y revint le 27 mars 1440, appelé par la grave révolte de la Praguerie que l'ambition des princes avait suscitée et qui venait d'éclater à Niort, sous la direction du duc d'Alençon et du Dauphin. Avisé que Saint-Maixent venait de tomber en leur pouvoir, il partit en toute hâte de Poitiers, le 3 avril, avec 400 lances, aux ordres de Lohéac, Coëtivy et Brézé. La prise du château de Saint-Maixent dissipa l'insurrection en Poitou et le roi revint à Poitiers pour aller achever sa défaite dans le Bourbonnais. On l'y retrouve encore, au mois de mai 1443, pour la réception du duc d'Orléans et du nonce du pape avec lesquels il décida la reprise des négociations avec l'Angleterre (1). Il avait confié la garde du château, en 1442, à Jean Mouraut, maire de la ville (2).

Le 3 novembre 1447, le corps de ville décida la réunion à Poitiers des seigneurs et des députés des villes de la province, dans le but de nommer une ambassade chargée de porter leurs remontrances au roi, au sujet des désordres dont le pays était affligé. L'assemblée, réunie à l'échevinage peu de temps après, choisit pour la ville, Guillaume Claveurier, Jamet Réty, Hilaire Larchier et Gilbert de Rougemont ; pour la noblesse, les seigneurs de la Châtaigneraie et de Civray ; pour les villes, le lieutenant de Niort et le bailli de Partenay. Le roi les reçut au bois de Vincennes et leur accorda la diminution des tailles (3)

La création du corps des Francs-archers imposa de

---

(1) *Histoire de Charles VII*, par de Beaucourt, III.

(2) Archiv. munic. et D. Fonteneau, liste historique des maires.

(3) Archiv. munic. rég. 3 des délib. liste des maires.

nouvelles charges aux villes. Le contingent de Poitiers
était de douze. Leur habillement, équipement et armement
auxquels pourvut le maire Denis Dausseurre, en 1449,
coûtèrent la somme de 303 livres. Les Francs-archers
poitevins prirent part à l'expédition de Normandie de 1449,
puis plus tard à celle de Barcelone en 1462 (1).

Charles VII annonçant par une lettre spéciale aux maire
et bourgeois de Poitiers l'heureuse reprise de Bordeaux
sur les Anglais, opérée par Dunois, le 30 juin 1451, les
invitait à se réjouir. On fit des processions, on sonna les
cloches et on alluma des feux de joie. Le maire en exercice
était Hilaire Larchier. On lui doit la reconstruction du pont
Joubert (2).

Charles VII se rendit à Poitiers à la fin d'avril 1453 pour
ouvrir la campagne contre Bordeaux, qui venait de se
livrer aux Anglais. Il annonça la conquête définitive de
cette ville par une lettre du 28 octobre, qui provoqua de
nouvelles réjouissances. Lors de son retour de Guyenne,
il séjourna huit jours à Poitiers, à l'hôtel épiscopal. L'évêque
Jacques Jouvenel des Ursins, le maire Jean Chèvredent et
un grand nombre de personnages, tant nobles que
bourgeois, tout en venant présenter au roi leurs félicitations,
n'oublièrent pas les intérêts de leur ville. Ils le supplièrent
d'y instituer un Parlement. Le roi remit sa réponse à Tours
au 10 février 1454. Le maire, pour mieux le disposer, lui
donna des fêtes splendides, représentation de mystères
dans le cloître des Augustins, collation et bal dans la salle

(1) Archiv. munic. comptes.
(2) Bibl. de Poitiers, man. 242, f. 68, 69.

de l'évêché, chasse dans la forêt de Molière. Au jour indiqué, le corps de ville ne manqua pas d'envoyer à Tours une nombreuse députation qui discuta longuement la question, fit valoir toutes les raisons favorables à la création du Parlement et remit un mémoire écrit à la commission chargée du rapport. Mais le Conseil était d'un avis tout opposé. Le roi se borna donc à assurer les députés poitevins qu'il allait mettre ordre à la justice de manière à leur donner une entière satisfaction. Plus heureux dans la question de la gabelle que l'on cherchait à établir dans leur pays, les Poitevins réussirent à détourner le roi de ce funeste projet (1).

C'est à Poitiers, en 1453, que l'illustre Jacques Cœur, victime de l'ingratitude royale et de l'envie et cupidité de haineux courtisans, fut soumis à une cérémonie humiliante en vertu de l'arrêt du 29 mai, rendu contre lui par une commission extraordinaire dont faisait partie un échevin de la ville, Denis Dausseurre. Une démarche généreuse de l'évêque en sa faveur échoua. Le 5 juin 1453, Jacques Cœur comparut publiquement dans la grande salle du Palais, devant le procureur général Dauvet et les commissaires. Il se mit à genoux, nue tête, une torche de cire à la main, et fit amende honorable des crimes qu'on lui imputait. (2).

En 1454, le 26 juin, le corps de ville convoqua les trois Etats de la province à une réunion qui avait pour but de

(1) Archiv. munic. rég. 11, liasse 42. — Liste des maires.
(2) *Jacques Cœur*, par Pierre Clément, p. 147, 172. — *Hist. de Charles VII*, par Vallet de Viriville, p. 293, t. III.

demander au roi l'abolition des aides et leur remplacement
par un autre impôt. L'assemblée, réunie à l'hôtel de ville
sous la présidence du maire, décida l'envoi d'une délégation.
Mais comme on attendait prochainement le roi, l'assemblée
s'ajourna au 18 juillet suivant (1). La délégation, dont on ne
connaît pas le résultat, fut envoyée le 26 août. En octobre
1458, une autre délégation, composée de Jean Pasquier
et Simon Mourraut, alla trouver le roi à Vendôme, mais
elle n'en obtint qu'une somme de 600 livres destinée aux
réparations de la ville et à prélever sur les aides de la
province. Tout cela prouve que les aides avaient été
maintenues (2).

L'élection du maire, en 1458, souleva un grave conflit.
Plusieurs échevins contestant la nomination de Guillaume
Vousy, comme ayant été faite en une forme contraire aux
anciens statuts, en avaient appelé au Parlement. Le roi,
par lettres du 31 juillet, prescrivit une information. Jean
Colas, conseiller au Parlement, vint à Poitiers, et assigna
Vousy à comparaître devant lui, au Palais, le 24 août. Non
seulement le maire n'en tint aucun compte, mais il réunit
ses partisans en armes et parcourut la ville en soulevant
partout un grand tumulte. Colas fit saisir la mairie le
28 août, et défendit à Vousy de l'exercer jusqu'à décision
du Parlement. Le maire demeura sans doute maître de la
position, soit par arrêt de justice, soit par désistement de
ses adversaires, car on le retrouve au mois d'octobre
exerçant ses fonctions et présidant le Conseil (3).

(1) Archiv. munic., rég. 11, liasse 42.
(2) Archiv. munic., rég. 4 des délib.
(3) Archiv. munic., B. 7, 8, liasse 4. — Rég. 4 des délib.

9

CHAPITRE XI

POITIERS DEPUIS LOUIS XI

JUSQU'AUX GUERRES DE RELIGION

Louis XI fit son entrée à Poitiers, le 28 décembre 1461. Les quatre plus anciens échevins portaient le poêle. Tous les enfants de la ville, un panonceau aux armes royales à la main, criaient Noël sur son passage. Le maire, Jean Mouraut, lui fit une harangue et lui offrit de la part de l'échevinage de la vaisselle d'argent, de la valeur de 300 écus d'or (1). Le roi confirma tous les privilèges de la ville par lettres du mois de mai 1463. En décembre de la même année, il exempta du ban et de l'arrière-ban les vingt-cinq échevins, en considération de leur obligation de défendre la ville. En 1467, il étendit ce privilège à tous les bourgeois et habitants avec la même obligation (2).

(1) Archiv. munic., rég. 4 des délib. — Comptes.
(2) Archiv. munic., A.

Le corps de ville députa Denis Dausseurre aux Etats
Généraux des provinces de Touraine, Anjou, Maine,
Poitou, Saintonge et Angoumois, convoqués à Tours, par
le roi, pour le 10 janvier 1464. Ce fut Denis Dausseurre qui
eut l'honneur de porter la parole et de présenter les
remontrances au nom de tous. Les Etats votèrent au roi
cent mille écus (1). Louis XI vint à Poitiers le 15 février
1465. Son frère, Charles, duc de Berry, qui l'accompagnait,
saisit ce moment pour s'enfuir auprès du duc de Bretagne
et se mettre en pleine révolte. Les bourgeois dévoués à la
cause royale prirent, de concert avec le sénéchal, des
précautions militaires pour la garde de la ville et du
château de Poitiers. Louis XI les en remercia par ses
lettres des 16 et 22 mars datées de Thouars, tout en leur
recommandant de ne pas s'endormir. Il leur manda en
même temps, le 21 mars, de pourvoir d'une manière toute
particulière à la défense du château. Le Conseil confia
ce soin à Pierre de Frozes et Guillaume Vousy. Ces
précautions n'étaient pas inutiles. En effet, des prisonniers
du Bourbonnais et du Forez, que le sénéchal avait fait
enfermer au château, firent une tentative d'évasion le
21 juillet 1465. Il y eut une lutte assez vive entre eux
et leurs gardiens. Enfin ils furent enlevés de force et
transportés dans les prisons royales de la ville, à la
prévôté (2).

Si le roi respecta toujours en principe les privilèges
communaux de la ville de Poitiers, il ne laissa pas néan-

(1) Archiv. munic., rég. 4 des délib.
(2) Archiv. munic., rég. 4 des délib.

moins que d'intervenir parfois dans l'élection des maires, dans le but de faire nommer des candidats agréables. Ainsi, en 1463, l'élection de Michel Dauron eut lieu sur sa recommandation. Il en fut ainsi de celle de Jean de Moulins, en 1464. Mais en 1465, Mathurin Arembert, candidat du roi, échoua contre Jamet Gervain, qui fut un des meilleurs maires et qui fut même maintenu l'année suivante par le roi lui-même, contre André de Conzay. Les bourgeois faiblirent en 1467, en élisant Nicolas Mouraut appartenant d'ailleurs à une ancienne famille municipale. Mais en 1470, ils repoussèrent Philippe Prégent, pour adopter Pierre Roigne (1).

Louis XI, ayant cédé la Guienne en apanage à son frère Charles, transféra à Poitiers le Parlement de Bordeaux (juillet 1469). Cette décision comblait les vœux des Poitevins qui la sollicitaient depuis bien longtemps. Elle leur coûta, il est vrai, six mille écus que le roi ordonna de leur rembourser. Mais ce bienfait ne fut qu'éphémère. Après la mort du duc de Guienne, le Parlement retourna à Bordeaux, malgré leurs plus vives instances auprès du roi (1472) (2).

Quatre députés nommés en assemblée générale des bourgeois du corps de ville et des gens d'église, dont trois laïques pour les bourgeois, Jean Chambon, lieutenant général de la sénéchaussée, Nicolas Acton et Pierre Laidet, échevins, et un prêtre pour les gens d'église, Jean

(1) Archiv. munic., rég. 4 des délib. — *Archiv. hist. du Poitou*, t. I. — Thibaudeau, II, 63, 64.

(2) Archiv. nat., JJ. 196. — Archiv. munic., rég. 4 et 5.

Tupault, chantre de l'église de Poitiers, allèrent représenter la ville aux Etats généraux de Tours, le 1ᵉʳ avril 1468. L'Assemblée fit une déclaration favorable à la politique royale, contre les grands seigneurs rebelles et protesta de son dévouement (1).

Des abus s'étaient introduits dans le fonctionnement des statuts des métiers dont la surveillance et la police appartenaient aux maires. Les maîtres jurés, agissant dans un intérêt personnel, refusaient arbitrairement d'admettre à la maîtrise les compagnons qui se présentaient, quoiqu'ils eussent justifié de leur capacité. Le Conseil, par décision du 16 octobre 1472, suspendit tous les statuts des métiers et déclara que tout bon ouvrier qui voudrait s'établir en ville, en aurait la faculté en se faisant recevoir par le maire, auquel il ferait serment et donnerait caution. Plus tard, le 26 août 1476, il décida que les statuts seraient exibés au maire, et que les chefs-d'œuvres des candidats seraient examinés par lui, en présence des maîtres jurés qu'il voudrait désigner (2).

Le roi fit emprisonner au château de Poitiers, au mois de mars 1473, le cadet d'Albret, seigneur de Sainte-Bazeille, complice-de-la trahison du comte d'Armagnac, si cruellement réprimée à Lectoure. Le prisonnier fut confié à la garde des bourgeois du corps de ville. Condamné à mort, il fut exécuté le 7 avril (3).

(1) Archiv. munic., rég. 5 des délib.
(2) Archiv. munic., rég. 7 des délib.
(3) Archiv. munic., rég. 7. — *Hist. de Gascogne*, par Monlezun, t. IV, 381.

Louis XI avait conclu le 23 décembre 1482, avec l'empereur Maximilien, un traité stipulant entre autres choses le mariage de sa fille Marguerite avec le Dauphin. Il convoqua aussitôt les Etats de chaque province pour en obtenir la ratification. Les trois Etats du Poitou se réunirent donc au Palais de Poitiers, sous la présidence de Jean Chambon, lieutenant de la sénéchaussée. Ils accordèrent leur approbation (1).

Lors des importants Etats généraux de Tours, convoqués dès le début du règne de Charles VIII, en 1484, le corps de ville de Poitiers y députa Maurice Claveurier et Jean Laidet (2).

De tout temps les maires avaient été seuls capitaines de la ville. Or, la commission royale qui donna en 1485 la capitainerie du château au sénéchal Yvon du Fou, lui attribua en outre celle de la ville. Les bourgeois ne manquèrent pas de s'y opposer. Leur procureur Méry Claveurier, en remettant les clefs du château au procureur du sénéchal, le 1er octobre, fit remarquer qu'en cas de péril et de guerre la garde du dit château devait appartenir en commun au sénéchal et au maire. Les droits ou prétentions des parties furent réservés et le *statu quo* maintenu (3).

Charles VIII fit son entrée solennelle à Poitiers au mois de février 1487, en allant en Guienne, réprimer la révolte féodale dont Dunois était un des principaux chefs. Le

(1) Archiv. munic., rég. 11, liasse 42, f. 1. — *Hist. de Louis XI, par* Duclos, III.

(2) *Hist. du tiers état*, par Aug. Thierry, II, 234.

(3) Archiv. munic., E. 22, liasse 12.

maire Yves Charlet, accompagné des bourgeois, se porta au devant de lui, jusqu'à moitié chemin du pont d'Auzance, et lui présenta les clefs de la ville. Le roi entra sous un poêle porté par le maire et trois échevins, vêtus de robes d'écarlate. Il fut reçu à la cathédrale par l'évêque Pierre d'Amboise, entouré de son chapitre. Il logea dans l'hôtel de feu Denis Dausseurre, situé devant l'église de Saint-Didier. Le maire et les bourgeois allèrent lui présenter leurs hommages et lui offrir une pièce d'orfèvrerie représentant un épervier en or, peint en azur, portant une fleur de lys sur son cœur, symbole un peu enfantin de la ville de Poitiers, *picta avis*. Ils le supplièrent de leur accorder un subside de mille livres par année et surtout des franchises et exemptions d'impôts pour l'établissement de fabriques de draps, ce qui leur fut promis par la bouche du chancelier, le sieur de Rochefort, qui répondit au nom du roi (1).

Le maire, Yves Charlet, durant son année d'exercice, fit reconstruire la porterie et une des arches du pont de Rochereuil. Il fit aussi rebâtir la chapelle de l'aumônerie de Sainte-Marthe. Un de ses prédécesseurs, en 1482, le maire Rogier le Roy, avait fait réparer une partie des ponts Joubert et Saint-Cyprien, ainsi que le boulevard de la Tranchée. Son successeur, le maire Pierre Guyvreau, 1487-1488, fit recéper la grande muraille entre la porte Saint-Ladre et le château et reconstruire quarante toises de murs près la tour de la Pucelle, le long de l'étang de Montierneuf (2).

Le roi, fidèle à sa promesse, accorda, par ses lettres

(1) Archiv. munic., rég. 11, liasse 42.
(2) Archiv. munic., rég. 11. f. 1, 37. — Liste des maires.

patentes, d'avril 1488, les exemptions destinées à favoriser l'industrie de la draperie. Il déclara donc affranchies de tous droits les marchandises suivantes : draps de laine, d'or et de soie, pelleterie, laines filées et à filer, couettes, coussins et plumes, tapis, serges et courte-pointes, chausses et robes faites, chapellerie, poêlerie d'airain, cuivre et étain, épicerie, mercerie, parchemin, livres, épées et harnais, toiles, lins et chanvres, etc. La franchise des objets étrangers à la fabrication des draps avait pour but de la faciliter par l'échange contre les matières nécessaires à cette œuvre. Le corps de ville faisait alors tous ses efforts pour créer des industries et attirer des ouvriers habiles à Poitiers. Déjà, dès avant 1436, Maurice Claveurier, lieutenant du sénéchal, avait construit des moulins à blé, à foulon, à papier et à tan, ainsi que des teintureries sur des terrains lui appartenant, non loin du moulin de Bajon et du pré l'Abbesse. Pour faire mouvoir ces usines il avait obtenu la permission du roi et de l'échevinage de percer la muraille de la ville et d'ouvrir un canal sur le Clain, au-dessus du pont Joubert. Ces établissements, connus sous le nom d'hôtel des Moulins, prospérèrent, malgré les procès suscités par l'abbaye de Sainte-Croix, propriétaire de Bajon, et ils appartenaient encore à la famille Claveurier en 1526 (1).

Le corps de ville décida, en 1490, un habile armurier de Tours, Antoine Boté, à venir s'établir à Poitiers, en lui offrant un local convenable et une indemnité de dépla-

(1) *De quelques établissements industriels à Poitiers au xv⁰ siècle,* par Rédet.

cement. Il lui céda un terrain appartenant à la ville sur
le canal du pré l'Abbesse, à la charge d'y construire son
moulin à harnoys. Mais à peine l'usine nouvelle s'élevait-
elle que l'abbaye de Sainte-Croix, se prétendant propriétaire
du cours d'eau, la fit détruire nuitamment par des gens
armés. De là un long procès pendant lequel le moulin de
l'armurier fut reconstruit puis détruit de nouveau par
les violences injustifiables des agents de l'abbaye. L'em-
prisonnement de quelques-uns des coupables ne fit que
compliquer le procès terminé seulement en 1509 par une
transaction (1).

Hilaire Boislève, maire de Poitiers, en 1496, fit reconstruire le pont de Rochereuil et réparer la plate-forme
de l'horloge (2). Il était en même temps maître de la monnaie
de Poitiers. Mais dans l'exercice de cette dernière charge,
il eut la criminelle pensée de faire fabriquer des monnaies
au-dessous du titre légal. Poursuivi devant la cour des
monnaies, à Paris, et mis à la torture, il fut condamné, le
12 août 1506, à 600 livres d'amende et déclaré inhabile
à jamais tenir maîtrise de monnaie (3).

Les réparations incessantes des murailles constituaient
pour les finances de la ville la plus lourde de toutes les
charges. La tour de l'Œuf, près du Château, venait de
tomber. Le maire, Simon Herbert, passa le 23 septembre
1507 un marché pour la relever. Il fut stipulé qu'elle
aurait 25 pieds de haut, deux étages voûtés, des machicoulis

(1) Idem. — Archiv. munic., D. 23, 24, liasse 9.
(2) Archiv. munic., rég. 11, liasse 42.
(3) *Mém. des Antiq. de l'Ouest*, 2° série, t. I, article de M. Ducrocq.

et une plate-forme entourée de créneaux. Cette tour, d'une belle construction, subsiste encore (1).

La situation précaire des aumôneries attira l'attention de la ville en 1506. Le procureur de la commune signala la négligence de leurs administrateurs, se plaignant de ce qu'ils ne recueillaient plus les pauvres dans leurs établissements. Il ajourna à la cour de la sénéchaussée les aumôniers de Saint-Sornin, de Saint-Antoine, de Saint-Pierre, de Saint-Cyprien, de Montierneuf, de Sainte-Marthe et de Notre-Dame, qui furent condamnés à recueillir les pauvres et à donner inventaire de leurs meubles et revenus (2). L'aumônerie de Saint-Antoine, avait été fondée en 1363, par Pierre Daillé, chanoine de Saint-Hilaire (3).

Jean Chevredens, maire en 1515, fit bâtir le chœur de l'église Saint-Paul et une chapelle de famille pour sa sépulture. L'année suivante la peste éclata à Poitiers, avec une telle force, que le siège royal de la sénéchaussée se transporta à Chauvigny. On songea à établir un hôpital pour ceux qui en étaient atteints. François Fumé, maire en 1520, acheta dans ce but un terrain au delà de la porte de Rochereuil et en fit don à la ville. C'est l'origine de l'hôpital des Champs ou des Pestiférés (4).

Les Grands-Jours tinrent une session à Poitiers, en 1519, sous la présidence du président Barin. Ils ouvrirent le

---

(1) Archiv. munic., J, 1327, liasse 33 et rég. 9.
(2) Archiv. munic., D. 27.
(3) Dufour, *de l'ancien Poitou*, p. 422.
(4) Liste des maires dans dom Fonteneau. — Thibaudeau, II, 157. — Bouchet, p. 363.

15 septembre. Ils jugèrent au profit de la commune deux procès qu'elle soutenait contre l'Université et l'abbaye de Sainte-Croix. Ils entreprirent aussi la réforme des abbayes de la Trinité et de Sainte-Croix, malgré leurs abbesses qui furent suspendues et emmenées dans d'autres monastères. Peu de temps après, la veille des rois, 1520, le roi François Ier, accompagné de sa mère et de la reine, fit son entrée solennelle à Poitiers. Le corps de ville le reçut avec magnificence à la porte Saint-Ladre, décorée de personnages symboliques, de devises et d'emblèmes. Le maire, Maurice Vernou, adressa au roi une harangue et le fit placer sous un poêle de velours cramoisi qu'il portait avec trois échevins. Le cortège s'achemina par la rue de la Regratterie et la place Notre-Dame, jusqu'au logis du roi, dans l'hôtel de François des Moulins, en la paroisse de Saint-Savin. Le lendemain, le maire et les échevins lui offrirent un grand cerf d'argent doré. Le roi et sa cour partirent ensuite pour Cognac (1).

Un pauvre gentilhomme du Bourbonnais, Guillaume de Montelon, dit le capitaine Maclou, ancien garde du connétable de Bourbon, se mit à la tête de cinq à six mille aventuriers, au mois de juillet 1523. Après avoir ravagé le Berry, il pénétra en Poitou, où il prit Montmorillon dont le capitaine fut massacré. Ces aventuriers se livraient à toutes sortes d'excès et répandaient partout la terreur. Les bourgeois de Poitiers, menacés d'une attaque, se réunirent aux gentilshommes du pays et se mirent à la poursuite des

(1) Bouchet, *Ann. d'Aquit.* — Thibaudeau, II. — Archiv. munic., rég. 11. — Liste des maires.

brigands. Ils les dispersèrent un instant sur les bords de la
Vienne et s'emparèrent de leur capitaine Maclou qui fut
emprisonné à Poitiers. Les aventuriers, conduits par un
autre capitaine, le sire de Comarques, revinrent alors sur
la ville pour délivrer leur chef. Ils se logèrent au faubourg
du pont Joubert, et firent quelques préparatifs d'attaque.
L'alarme fut grande dans la ville. Le maire, André Juge, fit
sonner le tocsin. On courut aux remparts. Une sortie inutile
et imprudente dans laquelle les bourgeois perdirent sept ou
huit hommes, fut effectuée malgré l'avis des plus sages.
Cependant, les aventuriers reculant sans doute devant la
difficulté d'un siège, passèrent en Anjou, où après une
victoire près de Montreuil, ils consentirent à aller en
Ecosse au service du roi. Le capitaine Maclou, envoyé
à Paris, fut condamné et exécuté le 29 juillet 1523 (1).

Après la malheureuse bataille de Pavie, où le roi tomba
au pouvoir de l'empereur Charles-Quint, la reine régente
envoya à Poitiers, René Ragueneau, maître des requêtes.
Celui-ci, dans une assemblée générale des bourgeois,
des officiers de justice et des gens d'église, réunie le
3 avril 1525, exposa les événements qui venaient de se
dérouler, exhorta chacun à prendre courage, à s'armer, à
mettre la ville en état de défense et à réprimer toute
tentative de désordre. Tous les habitants protestèrent de
leur dévouement et promirent de contribuer de leurs
deniers à l'armement général. Chaque église donna une
pièce d'artillerie, chaque échevin deux arquebuses à croc,

---

(1) Bouchet, p. 375. — *Revue d'Anjou*, 1854. — *Journal d'un bourgeois de Paris*. p. 167.

chaque bourgeois une, ainsi que chaque corps de métier. Tout cela fut exécuté sous la direction habile du maire, René Daussourre, qui ne trouva de résistance que chez l'abbé de Saint-Cyprien et un petit mercier, *grand mutin*, contre lesquels il obtint des lettres de contrainte, en 1526 (1).

Le roi ordonna en 1531 la tenue des Grands-Jours, à Poitiers. Les conseillers du Parlement, au nombre de douze, arrivèrent le 31 août, et commencèrent leurs travaux, le 1er septembre, sous la présidence de M. Leviste. Beaucoup de crimes que la justice ordinaire locale n'avait pu atteindre, à cause de la violence et de l'indocilité des criminels, notamment les gentilshommes parmi lesquels les nouvelles opinions religieuses commençaient à se glisser, furent réprimés avec vigueur. Douze gentilshommes furent décapités à Poitiers et leurs châteaux rasés, pour cause de rébellions. Les magistrats quittèrent la ville le 27 octobre au moment où la peste y faisait une nouvelle apparition. Cette maladie y causa de grands ravages durant toute l'année 1532 (2).

Les Poitevins n'avaient point renoncé au projet de canalisation du Clain, dont on avait commencé jadis l'exécution. Une enquête ordonnée par François Ier et faite à Poitiers, en 1538, par François Doyneau, lieutenant général de la sénéchaussée, déclara que le Clain pouvait être rendu navigable jusqu'à Vivonne. Le roi autorisa les travaux le 26 avril. On se mit immédiatement à l'œuvre et

(1) Bouchet, *Annales d'Aquit.*, 388, 390. — Archiv. munic., E. 31. — Liste des maires.

(2) Bouchet, *Ann. d'Aquit.*, 467, 469.

on construisit des portes aux écluses des moulins, au-dessus et au-dessous de la ville, notamment à la Vayré. Le corps de ville fut autorisé, le 6 janvier 1540, à lever une somme de 3,200 livres, sur tous les habitants privilégiés ou non privilégiés. Il n'y avait plus qu'une porte à faire à Saint-Benoît, mais l'argent manquait. Le roi permit alors à la ville, le 7 avril 1541, la levée d'un nouvel impôt de 17,000 livres. Une assemblée générale, réunie le 6 septembre 1542, sous la présidence du maire, discuta la question de répartition de cette somme. Mais le corps de ville y rencontra une opposition égoïste et tenace de la part des députés du clergé qui ne voulurent rien accorder sans se consulter entre-eux. De son côté, le maire déclara qu'on en référerait au roi. L'entreprise se trouva donc encore une fois ajournée indéfiniment (1).

Les frais considérables faits par la ville pour l'entrée de Charles-Quint, en 1539, avaient été en partie cause de l'interruption des travaux de la navigation. François Ier avait ordonné de le recevoir avec toute la magnificence possible. Le maire Pierre Rat et les échevins firent bien les choses. Ils se portèrent, le 8 décembre 1539, au-devant de l'empereur sur la route de Lusignan, à la tête des six compagnies de la milice communale et des trente archers de la ville. Charles-Quint, accompagné du dauphin de France, du duc d'Orléans et du sire de la Trémouille, gouverneur du Poitou, entra par la porte de la Tranchée, au bruit des détonations de l'artillerie. Placé sous un

_____

(1) Archiv. munic., D. 35, 36, 37, 38, 39, 40, 41, 42, 43, 44 ; K. 11. — Thibaudeau, II.

poêle de velours violet, il passa sous un arc de triomphe devant le chapitre de Saint-Hilaire, réuni sur une estrade et chantant en musique. Les rues étaient sablées et tendues de tapisseries. Sur la place du Marché-Vieil, l'Université l'attendait pour le complimenter. Devant Notre-Dame-la-Petite, il passa sous un arc de triomphe et devant une fontaine décorée de groupes symboliques. Enfin il arriva à la cathédrale où le chapitre le reçut solennellement. L'empereur alla loger à l'évêché. Le maire et les échevins allèrent le lendemain lui offrir une fort belle pièce d'orfèvrerie, puis le reconduisirent jusqu'à la porte de Rochereuil (1).

La session des Grands-Jours, tenue à Poitiers en 1541, sous la présidence de M. de Saint-André, fournit au maire, James Delauzon, l'occasion de faire terminer un différend entre la ville et le chapitre de Saint-Hilaire, au sujet de la police dans le bourg de ce nom, qui constituait un quartier séparé dans l'origine, mais depuis longtemps réuni au reste de la ville. Le chapitre, qui y possédait d'une manière incontestable le droit de justice, prétendait, en outre, empêcher l'autorité municipale d'y exercer la police, quoiqu'en fait, elle en eut la possession. Du jour où il voulut y mettre opposition, le bourg devint l'asile de tous ceux qui cherchaient à se soustraire aux règlements. Il y avait donc là un grand inconvénient auquel il était urgent de remédier. La cour des Grands-Jours décida, le 27 octobre 1541, que les règlements de police élaborés en commun seraient mis à exécution par chaque partie, mais que si le chapitre

(1) Bibl. de Poitiers, manuscrit, 242, f. 77, 82.

négligeait de les faire observer dans son bourg, il y serait
pourvu par le lieutenant général de Poitou. Elle homologua
en même temps le règlement de police générale en
soixante-un articles, adopté par les parties. Ce règlement
obligatoire dans la ville entière, les faubourgs et la banlieue,
embrassait la police des marchés et des approvisionnements,
les poids et mesures, les statuts des corporations, la
surveillance des hôtelliers et logeurs, l'entretien des pavés,
la circulation dans les rues et leur nettoyage (1).

L'édit du mois d'octobre 1547, qui excluait des charges
municipales tous les magistrats, dans le but très justifié
de les contenir exclusivement dans leurs fonctions et
d'introduire dans les municipalités les bourgeois et notables
marchands, trouva beaucoup de résistance à Poitiers.
L'aristocratie municipale, composée de gens de robe, ne
laissait pénétrer qu'avec peine dans son sein l'élément
marchand d'où elle tirait pourtant son origine. La nomination d'un maire, marchand, Jean Gouélard, en 1543, était
une exception qui avait d'ailleurs comblé de joie le peuple
poitevin. Encore devait-il peut-être son élection à un prêt
de mille livres fait à la ville, et fut-il obligé, par un déplorable
préjugé, de laisser son commerce afin d'obtenir le privilège
de noblesse conféré par la mairie. Le corps de ville réussit
à obtenir du roi des lettres patentes du 20 août 1548,
dérogeant à l'édit de 1547, et l'autorisant à ne choisir pour
maire que des magistrats et gens de robe longue. Un arrêt
du Conseil, du 24 janvier 1549, remit l'édit en vigueur

(1) Archiv. munic., rég. 12, p. 545, liasse 42. — *Chartes de Saint-
Hilaire*, par M. Rédet, p. 199, 213 du t. II.

en concédant au corps de ville le choix exclusif de gens de justice pour l'exercice de la juridiction municipale. Mais le corps de ville, à demi satisfait, obtint une déclaration royale, du 28 avril 1549, lui restituant le droit de nommer à la mairie un personnage de robe longue, pourvu qu'il fut du nombre des échevins et bourgeois jurés, c'est-à-dire des cent pairs. Il y avait donc encore une porte ouverte à la classe marchande pour arriver aux honneurs municipaux. Mais l'esprit qui régnait l'y laissa rarement pénétrer. On cite pourtant un marchand, Pierre Pidoux, élu maire en 1575 (1).

Les troubles excités par la gabelle en Guienne, Saintonge et Angoumois avaient jeté l'effroi à Poitiers, au mois d'août 1548. Les rebelles s'étaient avancés jusqu'à Ruffec et Civray. Le corps de ville se prépara à la hâte à la résistance. Les gardes furent réorganisées, les murs, l'artillerie et les armes remises en état. On demanda des secours au roi, au comte du Lude, gouverneur du Poitou, à la ville de Tours. Le duc d'Aumale traversa Poitiers avec des troupes royales, marchant vers le pays insurgé. Le comte du Lude s'y était porté également, confiant la défense de Poitiers au seigneur de la Roche-Pozay. Si les Poitevins, fidèles à l'autorité, ne prirent point part à l'insurrection qui fut réprimée avant d'arriver jusqu'à eux, ils n'en avaient pas moins en horreur l'odieuse gabelle. Ils supplièrent le roi de l'abolir. Henri II fit entendre qu'il le ferait moyennant finances. Il autorisa la réunion à Poitiers des trois Etats de Poitou, Saintonge,

(1) Archiv. munic., B. 13, 14, 15, M. rég. 12, liasse 42. — *Les Établissements de Rouen.* par Giry, I, 377, 379.

Angoumois, Limousin, Marche et Périgord. La ville nomma pour la représenter François Doyneau, lieutenant général, Jean Pelisson, marchand, et Philippe Chambon, abbé de Notre-Dame. L'assemblée, réunie au mois d'août 1549, offrit au roi 200,000 écus d'or, payables les deux tiers par le Tiers-Etat et l'autre tiers par la noblesse et le clergé. Le roi accepta et abolit la gabelle par édit de septembre 1549 en rétablissant seulement l'ancien droit du quart sur le sel (1).

Le présidial de Poitiers, créé en vertu de l'édit de janvier 1551, fut composé dès l'origine de douze conseillers, nombre considérablement accru dans la suite et qui atteignait déjà le chiffre de vingt-deux dès 1559. François Aubert, seigneur d'Avanton, conseiller au Parlement de Paris, devint premier président de la nouvelle cour (2).

(1) Archiv. munic., C. 30. — *Archiv. hist. du Poitou*, t. IV, XII. — Thibaudeau, t. II, 226, 232.

(2) *Le présidial de Poitiers*, par de Gennes.

CHAPITRE XII

POITIERS PENDANT LES GUERRES DE RELIGION

Calvin était venu naguère, en 1534, prêcher ses nouvelles doctrines religieuses à Poitiers. Il y avait fait plusieurs prosélytes, parmi lesquels Jean Boisseau, avocat, Antoine de la Duguie, docteur en droit, Philippe Véron, procureur, Jean Vernon, Albert Babinot et un docteur de l'Université, Charles Lesage. Depuis cette époque, les novateurs avaient fait des progrès dans la ville et y avaient fondé une église dès 1555, mais sans devenir prépondérants. Leurs ministres et prédicateurs, presque tous étrangers, se montraient très turbulents et excitaient les plaintes du corps de ville en 1559. Le 27 mars 1559, jour du lundi de Pâques, ils soulevèrent une partie du peuple et envahirent pendant une cérémonie l'église et le couvent des Jacobins, qu'ils saccagèrent pendant plusieurs heures, malgré l'intervention du président Aubert et du sire de la Guerche, qui revinrent en force et domptèrent la sédition. Les principaux coupables furent pendus. Les autres, retenus prisonniers, furent relâchés le 26 novembre, lors du voyage du roi François II à Châtellerault, où il était venu accompagner sa sœur Elisabeth qui allait épouser le roi d'Espagne. La princesse passa à Poitiers, accompagnée du roi et de la reine de Navarre et c'est elle qui apporta aux prisonniers le pardon du roi. Une sévère ordonnance du président Aubert, du 23 septembre 1559, contre les prédicants et les prêches à Poitiers, ne ralentit qu'un instant les progrès du protestantisme (1).

Le gouvernement de François II qui se défiait du roi de Navarre, Antoine de Bourbon et du prince de Condé, protecteurs des protestants, avait envoyé à Poitiers au-devant d'eux, au commencement d'octobre 1560, le comte du Lude, gouverneur de Poitou, le seigneur de Montpezat, sénéchal, et le maréchal de Thermes. Ils avaient mission de les observer et de les arrêter en cas de révolte. Les princes, qui se rendaient aux Etats généraux d'Orléans, approchaient de Poitiers. Montpezat, trop zélé, voulut leur en fermer les portes. Mais le maréchal de Thermes, pourvu d'instructions plus habiles, les y reçut avec honneur le 19 octobre. Le roi de Navarre, le prince de Condé et le cardinal d'Armagnac entrèrent dans la ville avec honneur et poursuivirent leur route vers Orléans (2). Peu de jours

(1) Thibaudeau, II, 285, 286. — *Archiv. histor. du Poitou,* IV, 322, XII, 95, XV, 5, 6. — Fonds français, 15871, p. 247 ; 15872, p. 67. — Liste des maires dans dom Fonteneau. — *Antoine de Bourbon et Jeanne d'Albret,* par de Ruble, I, 263, II, 295. — *Histoire des Protestants du Poitou,* par Lièvre, t. I.

(2) *Archiv. hist. du Poitou,* XII, 95, 96. — *Histoire des princes de Condé,* I, 83, 87. — *Histoire du Poitou,* par Thibaudeau, II, 310. — *Antoine de Bourbon et Jeanne d'Albret,* par de Ruble.

après, le 28 octobre, les trois Etats de la province réunis au Palais de Poitiers, nommèrent leurs députés aux Etats généraux. Parmi les personnages qui composaient l'assemblée, on distinguait Jean Palustre, maire de la ville, le sénéchal et François Aubert, président du présidial. Les députés élus furent François Aubert, Jean Manteau, Jean Brisseau, Claude du Moussel (1).

Les protestants de Poitiers continuaient leur propagande avec activité et faisaient leurs prêches ouvertement trois fois la semaine. En 1561, lors de la publication de l'édit de juillet, ils se montrèrent tellement menaçants que le président Aubert en différa la mise à exécution. Informée par lui et par le sénéchal de cette inquiétante agitation, la reine Catherine de Médicis recommanda au président, le 2 septembre 1561, de se borner à la lecture de l'édit en séance et de ne pas être trop sévère sur son observation. Les encouragements récents donnés aux protestants, par l'ardente reine de Navarre Jeanne d'Albret, lors de son passage à Poitiers au mois d'août, avaient exalté leurs espérances. Cette princesse avait reçu l'hospitalité au couvent de Sainte-Croix. Elle ne craignit point de faire prêcher publiquement les nouvelles doctrines par ses ministres, sur une place plantée de saules, près du château (2).

(1) *Journal de Jean de Brilhac.— Histoire du Tiers-Etat*, par Thierry, II, 241.

(2) *Archiv. hist. du Poitou*, XII. 101. — *Antoine de Bourbon et Jeanne d'Albret*, par de Ruble, III, 136. — Rég. 38 des anciennes délib. du corps de ville. — Liste des maires dans dom Fonteneau, t. 33.

La surprise d'Orléans par le prince de Condé et l'appel aux armes qu'il adressa au parti protestant furent le signal d'une révolte générale. Le comte du Lude, gouverneur de Poitou, vint à Poitiers le 19 avril 1562 pour essayer de tenir tête à l'orage. Mais dénué de forces et impuissant contre les seigneurs de la Rochefoucault, de Belleville, du Vigean et de Saint-Georges, abbé de Valence, qui avaient introduit des troupes dans la ville, il se retira imprudemment à Niort. Dès lors, Poitiers courut les plus graves dangers. Le corps de ville, tiraillé en sens divers, ne prit que des mesures timides, au fond favorables aux protestants. Le receveur des deniers royaux, François Pineau, redoutant le pillage de sa caisse, se retira le 12 mai au château, où il prit des mesures de défense qui lui furent d'ailleurs fournies par la ville. Il n'était que temps. Le seigneur de Sainte-Gemme, envoyé par le prince de Condé avec ordre aux échevins de le recevoir comme gouverneur, arriva bientôt le 23 mai et somma le corps de ville de le reconnaître, malgré les protestations de La Haye. Le lendemain, il enleva violemment au maire, Jacques le Breton, les clefs des portes. Les protestants de la ville, tels que Jean Beauce, les deux Porcherons, Jean Mourault, seigneur de la Vacherie, la Pillardière, Persicault, le favorisaient de tous leurs efforts. Les 26 et 27 mai, les comtes de Grammont et de Duras leur amenèrent un renfort formidable de quatre à cinq mille routiers gascons. Alors commença un affreux pillage. Les églises de Saint-Pierre et de Saint-Hilaire furent dépouillées de toutes leurs richesses. Celle de Montierneuf fut incendiée. Le tombeau de sainte Radégonde fut brisé et violé. Toutes les châsses, tous les vases sacrés, tous les

objets précieux furent fondus et convertis en lingots dans
la maison de Jean Beauce. Les églises ne se sont jamais
relevées de cet immense désastre.

Le départ de Grammont et de ses bandes pour Orléans
ne mit point fin à la terreur qui régnait dans la ville.
Sainte-Gemme fit nommer un maire à sa dévotion, Jacques
Herbert. Cependant la possession du château par Pineau
lui causait quelque souci. Celui-ci ayant résisté aux
menaces, on convint avec lui de l'y laisser en paix pour
la garde de l'argent du roi, mais avec promesse de neu-
tralité. De nouvelles troupes protestantes battues près de
Vendeuvre, par le comte de Villars, entrèrent à Poitiers
au mois de juillet. Un héraut envoyé par le roi, le 22 juillet,
somma en vain la ville de se rendre. Le conseil, réduit
à quelques échevins, dominé et intimidé par Sainte-Gemme
et ses redoutables bandits, répondit qu'il était impuissant,
tout en protestant de sa soumission. Mais le jour de la
revanche approchait. L'armée royale, commandée par le
comte de Villars, auquel vint bientôt se joindre le maréchal
de Saint-André, attaqua la ville, le 29 juillet, par la
porte Saint-Lazare. Les assiégeants, à la faveur d'un
premier-combat, communiquèrent avec le recevenr Pineau
qui commandait au château et dont ils obtinrent la
coopération. Une brèche ayant été ouverte à coups de
canon, près de la porte, l'assaut fut donné le 1er août.
Le combat demeurait incertain, lorsque Pineau fit tout à
coup tirer le canon du château sur les défenseurs de la
brèche. Les assiégeants pénétrèrent alors dans la ville que
les bandes de Sainte-Gemme s'empressèrent d'évacuer par
la porte Saint-Cyprien. Mais la malheureuse ville eut

à subir un nouveau pillage. Le maire, Jacques Herbert, un des fauteurs secrets de la rébellion, condamné à mort par une commission composée de Jean de La Haye, lieutenant général, du président Aubert et de Jean de Brilhac, lieutenant criminel, fut pendu, le 7 août, sur la place Notre-Dame. Le 8 août, le maréchal de Saint-André fit décréter de prise de corps par le présidial une centaine de personnes qui avaient pris part aux désordres et aux crimes du mois de mai, mais dont la plupart avaient fui. Le lendemain il ordonna, de concert avec le comte du Lude, le désarmement de tous les habitants. Il laissa en partant une garnison de trente hommes au château (1).

Le roi Charles IX, sur la requête des marchands de Poitiers, créa dans leur ville, par lettres du mois de mai 1566, une juridiction consulaire composée d'un juge et de trois consuls. Ces magistrats devaient être choisis parmi les marchands et élus par eux chaque année. Ils avaient pour mission de juger sans appel jusqu'à la valeur de 500 livres tous les procès qui pouvaient s'élever entre marchands à l'occasion de leurs transactions commerciales. Les premiers juges consuls installés le 1er octobre 1566, furent Paulin Girard, Pierre Pidoux, seigneur de Malaguet, marchand de draps, Jean Demarnef, libraire, et Pierre Maillard. L'hôtel de la juridiction consulaire, situé rue de

(1) *Histoire du Poitou*, par Thibaudeau, t. II. — Archiv. munic., rég. 38. — *Documents sur Saint-Hilaire*, par Rédet, t. II, 226. — *Histoire de la cathédrale*, par Auber. — *Archiv. hist. du Poitou*. IV, XII. — Davila, *Histoire des guerres civiles*. — *Archiv. hist. de la Gironde*, XVII, 270. — Archiv. munic., M. Rég. 12, p. 576, liasse 42. — F. franç. 15876, 15877. — Journal inédit de Simon Jallais.

la Mairie, fut décoré à la fin du xvii⁰ siècle d'un portail monumental surmonté des deux statues de la Justice et de la Prudence, œuvre du sculpteur Girouard (1).

Les Grands-Jours réunis à Poitiers le 9 septembre 1567, sous la présidence de M. Baillet et assistés du comte du Lude, gouverneur de la province, réprimèrent beaucoup de crimes et de violences. Le soulèvement des protestants réunis en grand nombre autour de la ville, indice certain d'une nouvelle guerre civile, les contraignit de se séparer le 30 octobre (2). Afin de maintenir l'ordre dans la ville et d'en éloigner tout élément de sédition, le corps municipal avait fait homologuer par le Parlement et publier, en février 1567, un règlement de police, accompagné d'une proclamation du maire Maixent Poitevin, aux habitants, faisant appel à la concorde (3).

L'armée du duc d'Anjou envoyée contre les protestants, passa à Poitiers le 11 novembre 1568 et y repassa le 17, après le combat de Jazeneuil. Le 1ᵉʳ décembre, un autre combat eut lieu à Auzances, aux portes de la ville, entre les troupes des seigneurs de Guise et de Brissac qui en sortirent pour secourir le poste d'Auzances, et celles du prince de Condé et de l'amiral Coligny qui l'avaient attaqué (4). Durant la première moitié de l'année 1569, le comte du Lude pourvut, de concert avec le lieutenant

(1) Archiv. nat. X, 8626, f. 167. — *Journal de Denesde*, ap. *archiv. hist. du Poitou*, XV.

(2) *Les Grands-Jours de Poitou*, par Imbert. — *Archiv. hist. du Poitou*, XII, 175.

(3) Archiv. munic. D. 53, liasse 10.

(4) Journal de Géneroux.

général La Haye et le corps de ville, à la défense et
fortification de Poitiers menacé par l'ennemi. L'amiral
Coligny investit en effet la ville le 25 juillet et commença
les opérations d'un siège en règle. La place, courageusement
défendue par le duc de Guise, le comte du Lude, le
lieutenant général La Haye, le maire, le Bascle, le seigneur
de Boisseguin et une foule de hardis capitaines Français,
Allemands et Italiens, à la tête de leurs compagnies,
repoussa toutes les attaques durant sept semaines. D'Au-
noux, maître de camp du régiment de Brissac, se distingua
particulièrement en s'introduisant dans la ville le 30 juillet,
par la porte de la Tranchée, avec un renfort d'hommes
d'élite, après avoir traversé les lignes des assiégeants.
Il fut tué le 23 août à la défense de la brèche du Pré-
l'Abbesse et enseveli à Notre-Dame. La milice bourgeoise,
divisée en six compagnies et commandée par ses échevins,
se conduisit avec une valeur extraordinaire. Trois assauts
meurtriers donnés sans succès par les assiégeants, au
faubourg de Rochereuil, déterminèrent enfin l'amiral
à lever le siège le 7 septembre. Les habitants, ivres de
joie, firent une procession solennelle d'actions de grâces
autour des murs de la ville. Depuis lors, cette cérémonie
religieuse a toujours été célébrée chaque année (1).

Les Poitevins, durant cette longue et cruelle épreuve,
avaient beaucoup souffert et contracté des dettes considérables. Le roi leur accorda en dédommagement une somme
de 40,000 livres (2). La Haye, le lieutenant général, dont

(1) *Le siège de Poitiers,* par Liberge.
(2) Archiv. munic., rég. 39 des délib.

l'ambition surpassait les services rendus, brigua la mairie
au mois de juin 1572. Mais son élection fut attaquée et la
mairie gérée par le plus ancien échevin (1). *Froissé dans*
son orgueil, il se livra à un zèle intempestif et cruel qui
souleva contre lui l'opinion. Le 27 octobre, se disant
autorisé par le roi, il fit mettre à mort un certain nombre
de protestants de Poitiers. Les catholiques indignés sau-
vèrent plusieurs victimes. Le roi désavoua formellement
La Haye et ordonna au comte du Lude, gouverneur, de
punir les meurtriers (2). Puissant et habile, La Haye sut
éviter le coup qui pouvait le frapper. Repoussé de la mairie
au mois de juin 1573, dignité pour laquelle les bourgeois
lui préférèrent, à l'unanimité, François de Lauzon, docteur
ès-droits, il se jeta dans le parti politique ou des malcontents
dont il devint un des chefs. Ses intrigues lui valurent deux
ordres d'arrestation envoyés par le roi aux mois de
novembre et décembre 1573 et qu'il réussit à déjouer.
Il ourdit avec les partis politique et protestant une conspiration dont le but était de s'emparer par surprise de
Poitiers et de plusieurs autres villes. N'ayant pu réussir
à se saisir du château de Poitiers, le 24 février 1574, grâce
à la vigilance du commandant et de Doyneau, seigneur de
Sainte-Soline, il quitta la ville contre laquelle il fit une
nouvelle tentative plus dangereuse le 23 mai. Les meuniers
de Tison, qu'il avait gagnés, devaient introduire par la
chaussée un certain nombre d'hommes armés. Mais l'un

(1) Archiv. munic., rég. 40.
(2) Journaux de Géneroux et de Le Riche. — *Archiv. hist. du Poitou,*
XII, 325.

d'eux, Caquereau, révéla le complot. La Haye se présenta de grand matin, déguisé en prêtre et entra par la porte Saint-Cyprien pendant que 300 hommes, cachés sur le chemin de Saint-Benoît, attendaient le signal. Au lieu de rencontrer ses partisans, il se heurta contre une embuscade des habitants et fut même saisi par l'un d'eux dont il parvint à se débarrasser. Il put toutefois regagner la porte Saint-Cyprien et s'échapper. Plusieurs des conjurés qui y arrivaient furent pris et exécutés. Le conseil ordonna, le 8 mars, l'expulsion de ses adhérents les plus notoires. Sans se décourager, La Haye continua ses intrigues, mais on s'en défiait tellement qu'on lui interdit l'entrée de la ville. Il tenta en vain de nouveau de s'en emparer. Dénoncé au roi, au mois d'octobre 1574, il parvint à en obtenir des lettres de rémission et eut même l'audace de machiner contre la ville une nouvelle conspiration qui ne manqua que par suite de la révélation imprudente d'un complice, le capitaine Batardin, exécuté le 11 juillet 1575. Condamné à mort, La Haye fut enfin saisi, le 24 juillet, à la Bégaudière par une troupe de bourgeois poitevins, conduits par les seigneurs de Bouriq et de Sainte-Soline. Il fut tué en se défendant, mais son cadavre, transporté à Poitiers, eut la tête tranchée sur la place Notre-Dame (1).

Pendant les derniers mois de 1574, la ville eut à supporter de lourdes réquisitions pour l'armée du duc de Montpensier qui assiégeait Lusignan. La paix et l'édit de pacification

---

(1) Archiv. munic. rég. 41 et 42 des délib. — *Archiv. hist. du Poitou,* XII, XIV. — Chronique de Brisson. — Journaux de Le Riche et Géneroux. — *Hist. du Poitou,* par Thibaudeau, II.

de 1576 soulevèrent l'opposition des catholiques. Les
Etats généraux ayant été convoqués à Blois pour le mois
de décembre, les Etats du Poitou, convoqués à Poitiers le
1ᵉʳ octobre, nommèrent pour les représenter Pierre Rat
et Joseph le Bascle. Henri III crut être très habile en
embrassant le parti de la Ligue naissante. Il fit présenter
le 26 janvier 1577 au corps de ville, par le comte du Lude,
l'acte d'association. Les bourgeois ne l'acceptèrent qu'avec
les plus grandes difficultés et en votant des remontrances.
Le roi qui avait repris la guerre contre les protestants
vint s'établir à Poitiers avec la cour. Il y fut reçu avec
solennité le 2 juillet 1577 par le maire Raoul d'Elbenne,
à la tête des six compagnies bourgeoises et alla s'installer
au doyenné de Saint-Hilaire. Pendant son séjour, il conclut
la paix avec le roi de Navarre et la fit proclamer le
24 septembre. Il quitta la ville le 5 octobre. Les Grands-
Jours tinrent une longue et importante session à Poitiers
du 9 octobre au 18 décembre 1579. Ils réprimèrent beaucoup de crimes. M. de Harlay les présidait et M. Brisson
était avocat du roi. Aux demandes de subsides de Henri III,
en 1582, le corps de ville répondit par de sévères remontrances sur les désastres des guerres civiles et le gaspillage
des finances. L'édit de Nemours, du 7 juillet 1585, rendu
contre les protestants, fut accueilli avec faveur et juré
le 19 août par les bourgeois poitevins (1).

Les esprits se divisaient et s'aigrissaient sensiblement.
La reprise de la guerre en Poitou et les succès du roi de

(1) Archiv. munic., rég. 42, 43, 44. — *Journal de Brilhac.* — *La
Ligue à Poitiers,* par Ouvré. — Thibaudeau, II, III.

Navarre répandirent l'inquiétude à Poitiers. Les échevins mirent la ville en état de défense (1588). L'assassinat des Guises mit le comble à l'irritation. Le 11 mai 1589 le peuple soulevé par les Ligueurs se précipita sur Malicorne, gouverneur du Poitou et le chassa en le faisant sauter par dessus le rempart. Le roi étant accouru pour venger cette insulte le 17 mai se vit refuser l'ouverture des portes et campé sur les hauteurs de la Roche, il essuya une volée de coups de canon. Il n'avait plus qu'à se retirer. La ville, profondément remuée par les prédicateurs Porthaise et Péchot et par les chefs du mouvement tels que François Palustre, conseiller au présidial, capitaine d'une des compagnies municipales, fils de Jean Palustre, dernier maire, Pierre de Brilhac, seigneur de Nouzières, lieutenant criminel, René Brochard, seigneur des Fontaines, nouvellement élu maire, se prononça pour la Ligue le 25 juillet. Boisseguin, gouverneur de la ville, adhéra au mouvement. Un conseil constitué aux Cordeliers sous sa présidence et comprenant l'évêque et des représentants de tous les ordres devint tout-puissant. Le vicomte de la Guierche fut admis le 14 août en qualité de gouverneur de Poitou. En revanche, les royalistes, tels que Pierre Rat, la Parisière, de Razes, Scévole de Sainte-Marthe, émigrèrent. La ville résista vigoureusement pendant cinq ans malgré les attaques de l'armée royale de Conti et de Malicorne (1591), malgré la défaite et la mort de la Guierche et de François Palustre, à Cenon (février 1592), malgré le blocus mis autour de ses remparts, par Malicorne (1593), malgré même les dissensions intérieures. La défiance des bourgeois, constamment éveillée, les avait poussé le 22 janvier 1591

à enlever par menace et presque par violence le château
à leur gouverneur Boisseguin. Ils l'avaient fait aussitôt
démolir, du côté de la ville, afin d'empêcher toute surprise
ou trahison. La trève du mois d'août 1593 et la conversion
de Henri IV facilitèrent des négociations entamées par
Scévole de Sainte-Marthe et terminées par une députation
municipale qui amenèrent la soumission de Poitiers au roi
(4 juillet 1594). La ville obtint une amnistie entière et le
maintien de tous ses privilèges (1).

L'édit de Nantes, en vertu duquel les protestants furent
autorisés à bâtir un temple dans le faubourg de la Cueille,
ne souleva aucune opposition. Mais un nouvel impôt,
dit de la pancarte, dont le seigneur d'Amours, conseiller
d'Etat, vint réclamer le paiement à Poitiers, y rencontra
une résistance tellement séditieuse, que l'agent royal fut
obligé de s'enfuir le 22 mai 1601. Henri IV irrité suspendit
les privilèges municipaux, mesure sévère qui amena
aussitôt la soumission des bourgeois. Il ne tarda pas
d'ailleurs à les leur restituer lors de son voyage à Poitiers,
le 19 mai 1602. Scévole de Sainte-Marthe, qui remplissait
les fonctions de maire, alla avec les échevins jusqu'au grand
pont d'Auzance au-devant du roi qui entra par la porte
Saint-Ladre, entre deux rangs d'arquebusiers de la ville et
descendit à l'hôtel de Sainte-Soline, après avoir été reçu à la
cathédrale par l'évêque. Louis Gouffier, duc de Rouennais,
nommé gouverneur de Poitiers, y fit son entrée le
22 décembre 1602. Le célèbre Sully, nommé gouverneur

(1) *La Ligue à Poitiers*, par Ouvré. — Archiv. munic., rég. des délib.
— Journal de Brilhac.

de la province, fit à son tour une entrée solennelle dans sa capitale, le 22 juin 1604 (1).

Les Jésuites obtinrent du roi, le 7 août 1604, des lettres patentes les autorisant à établir un collège à Poitiers. Mais un certain nombre de notables habitants, parmi lesquels l'évêque, demandaient un collège royal. Henri IV ayant signifié sa volonté par lettre du 7 mars 1605, le corps de ville céda aux Jésuites le collège de Sainte-Marthe, jadis fondé en 1522 par Antoine Gironet, docteur de la Faculté des arts et complètement abandonné depuis la Ligue. La chapelle de l'ancienne aumônerie de Sainte-Marthe leur fut cédée, le 14 mai 1607, par le président Charlet. Le collège voisin de Puygarreau, fondé en 1478 par Françoise Gillier, dame de Puygarreau, leur fut également abandonné en 1608, malgré l'opposition des seigneurs de Puygarreau, mais l'union n'en fut consommée qu'en 1687. Enfin la ville leur donna encore, en 1607, après l'avoir acquis des héritiers, le collège de Montanaris, jadis fondé en 1507 dans la rue d'Enfer, par un docteur en médecine, Antoine de Montanaris. Les Jésuites ouvrirent leurs classes en juin 1607, à Puygarreau, et entreprirent aussitôt la construction de leur nouveau collège. La première pierre de la chapelle fut posée le 22 avril 1608, par le président de Traversay et la première messe y fut dite le 1er janvier 1614. Cet édifice, très remarquable par ses peintures intérieures et par les boiseries de la sacristie, existe encore, ainsi qu'une partie des bâtiments sur la

(1) *Poitiers depuis la fin de la Ligue jusqu'à Richelieu*, par Ouvré, — Journal de Brilhac.

façade desquels est placé un buste de Henri IV, son fondateur. Ils font partie du Lycée (1).

Les capucins vinrent s'établir à Poitiers, en 1609, à la demande du corps de ville. Le 9 juillet, l'évêque, Mgr de Saint-Belin, les installa à Saint-Grégoire, ancienne paroisse qui fut pour ce motif supprimée et réunie à Saint-Porchaire. La construction de leur couvent commença en 1610, et la première pierre de leur église fut posée le 1er janvier 1614, par le nouvel évêque, Mgr de la Rochepozay (2).

Vers l'année 1610, le corps de ville fit ouvrir la rue Neuve, en face de la maison de l'échevinage. En 1615, sous la mairie de Pierre Pidoux, il y fit élever une pyramide ornée d'un ancien bas-relief rappelant le miracle opéré jadis en ce lieu par le grand saint Hilaire. Ce petit monument, placé plus tard au coin de la rue, a été reporté de nos jours un peu plus loin. En 1626, sous la mairie de Charles Irland, le minage fut transféré de la rue de la Regratterie ou de l'Annonerie dans la rue Neuve (3).

---

(1) *Hist. du Poitou*, par Thibaudeau, III, 156-171. — *Bull. des Antiq. de l'Ouest*, III, 212. — *Mém. Antiq. de l'Ouest.* XXVII, 333. — — Journal de Brilhac.

(2) Thibaudeau III, 345. — Dom Font. t. 33. — Archiv. munic. M. rég. 12, liasse 42.

(3) Dom Fonteneau t. 33, liste des maires. *Guide du voyageur à Poitiers*, par de Chargé.

11

CHAPITRE XIII

POITIERS SOVS LOVIS XIII

La mort de Henri IV et la régence de Marie de Médicis ramenèrent le trouble et les dissensions. Condé s'étant révolté, deux partis hostiles se dessinèrent à Poitiers et remplirent la ville d'agitations. L'un, dirigé par les Sainte-Marthe, représentant l'ancien parti politique, favorisait les princes. L'autre, composé des anciens ligueurs, les Brochard, les Pidoux, les Brilhac, soutenus par l'ardent évêque, Mgr de la Rochepozay, tenait pour l'autorité royale. Le 19 juin 1614 un agent de Condé, nommé Latrie, envoyé dans la ville pour y cabaler, fut blessé sur la place du Marché-Vieux, par les partisans de l'évêque. Condé accourut dès le 23 juin pour le venger. Mais la Rochepozay, retranché dans l'évêché comme dans une place forte, fit sonner le tocsin, soulever le peuple et barricader les rues. Condé, malgré les efforts du maire, Nicolas de Sainte-Marthe, se vit refuser insolemment l'entrée de la ville. Le gouverneur, Roanez, qui arriva le 26 juin pour calmer l'effervescence, fut enfermé par l'émeute en permanence dans l'évêché et obligé de quitter la ville, parce qu'il était suspect de connivence avec Condé.

L'élection du maire, qui eut lieu sur ces entrefaites, porta à cette dignité Brilhac de Nouzières. Les Sainte-Marthe, dont le parti était vaincu, s'empressèrent de fuir avec leurs amis. Pendant ce temps-là, Condé ravageait les environs de Poitiers. Mais les habitants, toujours en armes aux portes et sur les murailles, faisaient bonne garde. La reine-régente, sollicitée par l'évêque, se rendit à Poitiers avec le jeune Louis XIII le 28 juillet 1614. Ils y reçurent un accueil enthousiaste. Après leur départ, au mois d'août, eurent lieu les opérations électorales pour les Etats généraux. Le Tiers-Etat choisit pour députés René Brochard, seigneur des Fontaines, conseiller au présidial, François Brisson, sénéchal de Fontenay, et Coste Arnaut, marchand de Poitiers. Deux commissaires royaux, Mazuyer et Mangot, envoyés pour amener une transaction entre les partis et obtenir le retour des Sainte-Marthe, ne réussirent qu'à provoquer une nouvelle émeute (29 décembre). Pendant que Condé prenait encore les armes, la reine-régente et le jeune roi passèrent à Poitiers, le 31 août 1615, allant à Bordeaux pour les mariages espagnols. La sœur du roi, fiancée du prince d'Espagne, tomba malade de la petite vérole, ce qui retint la cour jusqu'au 28 septembre. La ville, obligée de se mettre en défense contre l'armée de Condé et pressurée d'autre part par le passage de l'armée royale de Boisdauphin, eut de lourdes charges à supporter. Lors du retour de la cour de son voyage de Bordeaux, le 6 janvier 1616, la misère était extrême à Poitiers, les maladies décimaient la population et l'escorte de la cour, le pays était ruiné. Le roi y laissa en partant son artillerie et huit cents Suisses, sous les ordres du colonel Gallaty. Ils furent logés dans les faubourgs qui eurent beaucoup à en souffrir (1).

Le traité de Loudun (mai 1616) stipula le retour à Poitiers des Sainte-Marthe et des autres bannis. Mais il fallut l'intervention de trois commissaires royaux, le maréchal de Brissac, les conseillers d'Etat, de Vic et Bochart de Champigny, pour vaincre les répugnances de la majorité du corps de ville. Le 5 août 1616, par ordre du roi, les bannis, au nombre de six, rentrèrent en possession de leurs fonctions ou dignités. Champigny fut laissé en qualité d'*intendant de la justice*, avec mission de calmer les ressentiments mal éteints. C'est le premier de ces fonctionnaires dont l'importance allait prendre de si vastes proportions. Pour couper court aux difficultés, le roi désignait ou plutôt imposait les candidats à la mairie et aux offices de la milice bourgeoise. Brochard de la Clielle, Jean Pidoux, François de Brilhac, Charles Boynet, successivement maires en 1617, 1618, 1619 et 1620, étaient des choix fort judicieux. Néanmoins, les Poitevins voyaient avec peine la suspension et la décadence de leurs anciens privilèges. Vivement sollicité lors de son passage à Poitiers, du 4 au 10 septembre 1620, le roi leur rendit, le 26 septembre, la liberté de leurs élections. Durant son séjour, le roi fit faire une grande

(1) *Hist. de Poitiers, de la Ligue à Richelieu*, par Ouvré. — Thibaudeau, III. — Journal de Brilhac.

revue de son armée dans la plaine qui s'étend de Larnay au faubourg de la Cueille. Elle comptait de dix à douze mille hommes. Il la conduisait contre les calvinistes du Béarn. Il repassa à Poitiers le 4 novembre au retour de son expédition (1).

Les révoltes des protestants et les guerres qui en furent la conséquence depuis 1621 jusqu'à la prise de la Rochelle, en 1628, tant en Bas-Poitou qu'en Saintonge, tinrent la ville de Poitiers continuellement en alarme. Les maire et échevins, dont la vigilance était sans cesse entretenue par la crainte de surprises et par de fréquentes lettres royales, faisaient veiller nuit et jour la milice bourgeoise aux portes et sur les remparts. Ce n'était pas seulement contre les protestants qu'il fallait se garder. Les violences et pillages des soldats de l'armée royale qui traversaient le pays, aussi bien que les méfaits des simples voleurs, avaient fait disparaître toute sécurité. Pendant que Louis XIII assistait au siège de la Rochelle, le grand conseil, présidé par M. de Bercy-Malon, vint tenir ses séances à Poitiers, au couvent des Cordeliers, depuis le 29 novembre 1627 jusqu'au 28 novembre 1628. L'assemblée générale du clergé de France s'y réunit également en 1628 et vota au roi trois millions de subsides (2).

La cherté du blé fit éclater une sédition populaire assez grave en 1630. Une foule considérable de mendiants armés

(1) *Hist. de Poitiers, de la Ligue à Richelieu*, par Ouvré. — Thibaudeau, III. — Journal de Brilhac.

(2) *Extraits des rég. de la comm. de Poitiers et de la comm. de Niort*, par Duval. — Thibaudeau III, 247-273.

envahit l'hôtel de ville le 27 mai. Le maire, menacé de mort, se retira au palais ; puis, de concert avec les échevins, il prit des mesures efficaces pour l'approvisionnement des marchés, en même temps que pour la punition des meneurs de la sédition. Son successeur, Julien Serizier, désirant éviter le retour de semblables désordres, eut la précaution d'aller acheter dans le pays de Melle une grande quantité de blé qu'il fit amener à l'hôtel de ville et distribuer aux pauvres à prix réduit (1).

Un fléau plus redoutable, la peste, avait fait son apparition dans le faubourg Saint-Saturnin au mois d'avril 1628. Il ne tarda pas à envahir la ville. L'hôpital des pestiférés, situé hors la porte de Rochereuil, fut affecté aux malades. Malgré les précautions et les règlements les plus sévères adoptés par le corps de ville, le fléau prit des proportions désolantes. Après une courte disparition, il sévit de nouveau en 1630 et reprit avec une plus grande intensité en 1631. Le père Garasse, jésuite, et Pierre Thévenet, chirurgien, périrent victimes de leur dévouement à l'hôpital. La peste ne disparut complètement qu'à la fin de 1632 (2).

La session tenue par les Grands-Jours à Poitiers en 1634 fut une des plus importantes. La cour, composée de seize conseillers du Parlement, présidée par M. Séguier et de l'avocat général Talon, siégea au palais depuis le 4 septembre 1634 jusqu'au 5 janvier 1635. Elle rendit un grand nombre d'arrêts et réprima beaucoup de crimes et de désordres que la puissance des coupables, la timidité ou la

---

(1) *Archiv. hist. du Poitou*, XV. — *Journal de Denesde.*
(2) *Archiv. hist. du Poitou*, XV, 272. — *Journal de Denesde.*

complicité des juges inférieurs laissaient impunis. Plus de
deux cents gentilshommes, qui commettaient des violences
d'un autre âge, tyrannisant le pays et bravant les officiers
royaux, furent poursuivis et condamnés. La cour contraignit
à l'exécution des édits les protestants qui, en beaucoup de
lieux, profitaient de leur puissance ou de la négligence
des officiers pour ne pas les observer. Les maire et échevins
de Poitiers présentèrent le 12 septembre à son homolo-
gation un grand règlement de police (1).

L'élection à la mairie du mois de juin 1635 donna lieu à
une lutte fort vive entre deux candidats, Etienne Maquenon,
seigneur des Forges, conseiller au présidial, et Pierre
Guion, seigneur de Vâtre, avocat. Le seigneur de Villemontée, intendant de la justice en Poitou, crut devoir,
pour obvier aux désordres, interdire l'élection jusqu'à
ce qu'il en eût été ordonné autrement par le roi. Malgré
sa défense, les partisans du seigneur de Vâtre lui con-
férèrent la mairie le 28 juin. L'intendant fit annuler
l'élection par un arrêt du conseil du 25 juillet qui excluait
en même temps le seigneur de Vâtre. Le 10 août, Etienne
Maquenon, fut nommé maire et agréé par le roi (2).

L'aumônerie de Notre-Dame, à laquelle avait été réunie
en 1389 la petite aumônerie de l'échevinage, avait été
confiée, en vertu de l'arrêt des Grands-Jours de 1579, à une
commission composée de trois membres nommés par

(1) Thibaudeau, III, 281. — *Archiv. hist. du Poitou*, XV. — *Journal
de Denesde.* — *Les Grands jours de Poitou*, par Imbert. — *Grands
jours de Poitiers*, par Pasquier. — Archiv. munic, D. 74, cart. II.

(2) *Journal de Denesde*, p. 73.

l'évêque, du sénéchal, du maire et d'un échevin, sous la
surveillance de la Dominicale ou conseil des pauvres.
La négligence coupable, apportée dans le soin des pauvres
par les titulaires bénéficiers de l'aumônerie, négligence
constatée dès 1506, avait rendu cette mesure nécessaire.
Les prétentions du chapitre de N re-Dame dont dépendait
l'aumônerie, à titre de bénéfice, furent repoussées par arrêt
du Parlement du 25 mai 1619. Presqu'au même moment,
le corps de ville autorisait, le 7 octobre 1619, les frères de
la Charité-de-Saint-Jean-de-Dieu à s'établir dans un des
corps de logis de l'aumônerie de Notre-Dame et passait
avec eux un traité par lequel ils se chargeaient du soin des
hommes malades, à raison de 5 sols par jour. Les frères
de la Charité, protégés de la reine-mère, n'avaient accepté
cette situation que provisoirement. Ils allèrent fonder un
hôpital indépendant devant l'abbaye de Montierneuf,
hôpital confirmé par Louis XIV en 1656. Le corps de ville
eut alors recours, pour le soin des malades, aux religieuses
hospitalières de la maison de Loches avec lesquelles il passa
un contrat le 19 juillet 1644. Il fit agrandir, sur leur
demande, l'hôpital de Notre-Dame nommé aussi Hotel-Dieu.
Deux salles furent construites et coûtèrent 20,000 livres.
Malgré la convention qui les liait, les religieuses hospitalières se firent autoriser par lettres du roi de 1655,
à quitter l'hôpital et à s'établir dans une maison, située
devant les Trois-Piliers, qu'elles achetèrent de M. Peyraud
de la Chèze, conseiller au présidial. Le 21 juin 1656, elles
déménagèrent de l'Hôtel-Dieu sans prévenir les administrateurs, ce qui suscita contre elles un vif mécontentement.
Deux dames de la ville, Mesdames de Chaumes et de la

Gagnerie se dévouèrent alors au service des pauvres dans cet hôpital. La dernière y mourut (1).

La levée d'un droit de huitième sur la vente du vin établi en 1639 par le corps de ville, pour l'acquittement d'un emprunt royal de 74,000 livres, provoqua au mois de janvier 1640 une sédition populaire. Le maire, François Carré de la Pinotière, fut assiégé dans la maison du lieutenant général. Les magistrats du présidial et les échevins se transportant en corps dans la rue de la Chaussée, réussirent à apaiser l'effervescence et à saisir les plus mutins (2).

---

(1) Archiv. munic. D. 58, 61, 77, cart. 11. — *Journal de Denesde*.
(2) Thibaudeau, *Hist. du Poitou*, III. éd. 1840, liste des maires. — *Journal de Denesde*, p. 89, 90.

CHAPITRE XIV

POITIERS DEPUIS LOUIS XIV

JUSQU'A LA RÉVOLUTION

Le maire, Martin Reveau, informé de la mort de
Louis XIII par lettre de la reine-régente, du 18 mai 1643,
convoqua pour le 21 mai, au couvent des Cordeliers, une
réunion générale des officiers publics et des habitants.
Sur sa réquisition, tous les assistants prêtèrent serment de
fidélité au nouveau roi et crièrent : Vive Louis XIV. Peu
de jours après, le 7 juin, on alluma des feux de joie au
Marché-Vieux en réjouissance de la victoire de Rocroy (1).

En 1644, les juges-consuls des marchands commencèrent
la construction d'une salle d'audience sur les plans de
l'architecte Bertrand-Jardret. L'édifice, situé rue de la
Mairie, fut inauguré le 20 octobre 1648 et la chapelle bénite
le 30 novembre 1654. Le portail extérieur, œuvre remar-

(1) *Journal de Denesde.*

quable du sculpteur poitevin Girouard, démoli seulement
de nos jours en 1848, a disparu, sauf les statues de la
Justice et de la Prudence qui le surmontaient (1). Le buste
de Louis XIV, qui y trônait sur le fronton, en avait été
arraché par la Révolution.

De nombreuses communautés religieuses s'établirent
à Poitiers durant la première moitié du xviie siècle. Outre
les Capucins, arrivés en 1610 et mentionnés plus haut, citons
les Ursulines, installées d'abord en 1616 dans la maison
de la Grande-Barre, rue de l'Arceau, puis en 1617 dans
la rue des Hautes-Treilles ; les Filles de Notre-Dame, établies
en 1618, rue des Basses-Treilles ; les Feuillants, en 1619 ;
les religieuses de Sainte-Catherine, en 1628, dont le couvent
bâti en 1648 et 1715 fut supprimé en 1783 et transformé
en caserne en 1788 ; les Carmélites, en 1630 ; les Filles
Saint-François, en 1636 ; les religieuses de la Visitation,
arrivées en 1633, qui achetèrent plus tard la maison de la
famille Irland, rue des Ecossais ; les Filles du Calvaire,
établies en 1617 par Antoinette d'Orléans et dont l'église
fut dédiée seulement en 1646 ; enfin les religieuses de Saint-
Ausone ou repenties en 1645 (2). Cette multitude de
couvents était considérée par quelques-uns comme excessive
et comme ruineuse pour la ville (3). Le même motif inspira
plus tard en 1710, à l'échevinage, son opposition aux

---

(1) *Journal de Denesde.* — Mém. et bull. des Antiq. de l'Ouest. —
Guide de Poitiers. — *Bull. des Antiq.* 1847-49, p. 503.

(2) Thibaudeau, *Hist. du Poitou*, III. — *Journal de Denesde.* — Dom
Fonteneau, t. 33, liste des maires. — *Mém. Antiq.* XXVIII.

(3) Dom Fonteneau, t. 33, liste des maires, année 1630.

prétentions des Hospitalières qui voulaient envelopper dans leur enclos l'hôtel des Halles, acquis par elles de la famille de Goret, en 1704. Cet hôtel, ancienne demeure des seigneurs des Halles, avait été ensuite la résidence des gouverneurs de la province (1).

Les troubles de la Fronde à Paris, en 1648 et 1649, firent naître à Poitiers comme en beaucoup d'autres lieux une certaine agitation. Le roi manda, le 13 janvier 1649, au maire Jean Richeteau de ne plus reconnaître pour gouverneur de la province le prince de Marsillac qui avait pris parti pour la Fronde, lui recommandant de maintenir l'ordre dans la ville. Malgré cela, les partisans du Parlement contraignirent les magistrats dans une assemblée tumultueuse tenue aux Cordeliers de se prononcer en faveur du mouvement parisien (mars 1649). Le maire, soupçonné de faire passer des avis secrets à la cour, faillit être assassiné le jour de Pâques dans la maison du gouverneur. La paix conclue à Paris et annoncée aux échevins poitevins, le 7 avril, par le prince de Marsillac lui-même, rentré en grâce, ramena le calme. Le gouverneur s'étant jeté de nouveau dans le parti de la Fronde, le roi enjoignit au maire, le 9 avril 1650, de ne plus le reconnaître et de faire bonne garde aux portes de la ville. Marsillac fit une vaine tentative à Lusignan et se retira devant le maréchal de la Meilleraye. Le roi marchant contre l'insurrection concentrée à Bordeaux, passa le 21 juillet 1650 à Poitiers, où le maire lui présenta les clefs de la ville, à la porte Saint-Lazare. Il logea à l'évêché avec la reine-mère. Le cardinal de Mazarin descendit à l'hôtel

(1) *Mém. sur les halles*, par Rédet, 79, 80.

de Rimbert, près le Jeu de Paume des Flageolles, chez M. de Gennes, président du présidial.

La cour reparut à Poitiers le 31 octobre 1651. Elle était accompagnée de beaucoup de troupes qui logèrent dans les faubourgs et les villages voisins. Le roi descendit à l'hôtel de Sainte-Soline où il séjourna trois mois. Les ministres, le conseil, le cardinal Mazarin et un grand nombre de hauts personnages vinrent le rejoindre. Il accorda au collège des Jésuites, au mois de janvier 1652, des lettres patentes par lesquelles il le plaçait sous sa protection avec le titre de collège royal et les privilèges qui en découlaient, auxquels il ajoutait une rente de 3,000 livres. Cet établissement devint très prospère. En 1720, il comptait 13 maîtres et 800 écoliers. On voyait autrefois, au-dessus de la porte du pavillon central, la statue de Louis XIV, son bienfaiteur. Restauré en 1842, il ne porte plus que son médaillon, accompagné du buste de Henri IV, fondateur (1).

Le sacre de Louis XIV donna lieu à des réjouissances publiques, les 28 juin et 5 juillet 1654. Des feux de joie furent allumés sur la place du Marché-Vieux, par le maire, Jacques Augron, au milieu des six compagnies bourgeoises en armes. Le roi passa de nouveau à Poitiers, le 5 août 1659, en allant célébrer son mariage avec l'infante d'Espagne, à Saint-Jean-de-Luz, puis à son retour, le 4 juillet 1660. Le lendemain il posa en grande pompe la première pierre

(1) Thibaudeau, *Hist. du Poitou*, III, 309, 310, 175. — *Journal de Denesde.* — Arch. munic. de Poitiers. — *Guide du voyageur à Poitiers,* par de Chergé.

de la chapelle des Carmélites. Ce monument, construit sur
les plans de l'architecte italien Leduc, dit Toscane, fut
dédié le 5 juillet 1699 par l'évêque de Poitiers, Antoine
Girard. Le monastère des Carmélites, transformé en dépôt
de mendicité pendant la Révolution, a été affecté au grand
séminaire en 1824 (1). Autrefois, le grand séminaire
occupait l'Hôtel-Dieu actuel où il avait été installé dès 1686
et qui était l'ancienne demeure d'un receveur des tailles,
Jean Pinet, condamné à mort et pendu à Poitiers, le 16 mai
1670, pour crime de concussion. Son corps avait été inhumé
dans l'église des Augustins (2).

Le corps de ville, frappé des dangers de la mendicité qui,
développée par les troubles et les misères de la Fronde,
était devenue un véritable fléau, résolut en 1657 d'y porter
remède. Un long règlement, dit des pauvres renfermés, fut
élaboré et arrêté. En vertu de ses prescriptions, tous les
mendiants et vagabonds devaient être placés dans un
hôpital où il serait pourvu à leurs besoins au moyen
de cotisations volontaires et de quêtes. Ce dépôt, d'abord
établi à l'hôpital des Champs, en dehors de la porte de
Rochereuil, reçut dès l'origine 200 pauvres. Il fut placé
en 1680 sous le nom d'hôpital général près celui des frères
de la Charité qui lui fut réuni plus tard. Le célèbre
missionnaire Grignon de Montfort y exerça les fonctions
d'aumônier en 1701 (3).

Les privilèges de noblesse, des maire et échevins, plusieurs

(1) *Journal de Denesde*. — Thibaudeau, t. III. — *Guide du voyageur*.
(2) Thibaudeau III, 429. — Archiv. munic. rég. 18, l. 43.
(3) Arch. munic., D. 83, cart. 11. — Dom Fonteneau, t. 33, liste des maires. — *Guide du voyageur*. — Thibaudeau, *Hist du Poit*. III, 356.

fois menacés et maintenus en 1634 et 1643 furent révoqués en 1667, puis rétablis en 1685 par arrêt du conseil d'Etat, pour les maires seulement, à la condition qu'ils seraient élus par deux fois différentes et exerceraient leur charge pendant quatre ans. Au surplus, les privilèges de la commune de Poitiers n'étaient plus que ceux d'une aristocratie municipale, jalouse surtout de ses droits personnels. Son ancienne constitution du moyen-âge subsistant toujours, il est vrai, dans ses formes extérieures, avait en réalité perdu sa force et son indépendance primitives. La royauté lui faisait chèrement payer le maintien de vains privilèges, tels que ceux d'exemption des droits de francs fiefs et nouveaux acquêts et de la contribution de l'arrière-ban que les Poitevins parvinrent à conserver en 1674 moyennant la somme de 50,000 livres (1). D'ailleurs la commune de Poitiers, dont les finances étaient obérées, avait souvent besoin des libéralités royales. En 1667, sous la mairie de Louis Chapot de la Brossardière, elle obtint le paiement de 40,000 livres de dettes moyennant l'abandon temporaire de la moitié du dixième du vin. Elle obtint en même temps une rente de 3,000 livres pour l'hôpital des pauvres et le rétablissement de 2,200 livres de deniers d'octroi (2).

L'influence administrative et politique passait de plus en plus entre les mains des intendants. Ces puissants agents de l'autorité royale, choisis parmi les conseillers d'Etat, étaient presque toujours des administrateurs intelligents. Le souvenir de ceux qui vinrent alors à Poitiers, investis

(1) Archiv. munic. A.
(2) Thibaudeau, *Hist. du Poitou*, III, liste des maires, p. 429.

de ces importants pouvoirs, mérite d'être conservé.
MM. de Montolon (1618), de Villemontée (1635), René
d'Argenson (1644), de Villemontée, pour la 2ᵉ fois (1647),
Bernard de Fortia (1657), Claude Pellot (1659), Claude
Colbert (1663), Jacques Barentin (1665), Pierre Rouillé
(1669), Thomas de Miroménil (1672), René de Marillac
(1673), Nicolas de Lamoignon (1682), exercèrent par leur
caractère et leurs fonctions une véritable influence (1). Leur
successeur, le célèbre Nicolas Foucaud, se signala tris-
tement par son zèle et sa sévérité dans l'application de la
révocation de l'édit de Nantes. Il fit démolir le temple des
protestants de Poitiers et s'efforça de les convertir par
l'intimidation et la contrainte (1685). Toutefois il se montra
disposé à une certaine douceur que le ministre Louvois
désapprouva. C'est à son initiative que la ville de Poitiers
est redevable de la promenade des Cours, située vis-à-vis
la porte de l'abbaye de Saint-Cyprien. Dans le but de
subvenir aux besoins des ouvriers pauvres, très éprouvés en
1685-1686 par la cherté du blé, il fit décider sa création par
le corps de ville, le 2 janvier 1686. Il acheta les terrains
et aussitôt après, à la fin du mois, le maire Pierre de
Chasaud faisait commencer les travaux de terrassement.
Quatre rangs d'ormeaux formant trois allées y furent
plantés. Ces arbres, tombant de vétusté, furent abattus
en 1794 et on en replanta de nouveaux en 1798 (2).

(1) Thibaudeau, *Hist. du Poitou*, III, 459, liste des intendants. —
Journal de Denesde, passim.

(2) Thibaudeau, III, 335-339. — Arch. munic., 1. 43, rég. 18. —
Notice sur Foucaud et sur les Cours de Poitiers, par Pilotelle. —
Mémoires de Foucaud.

Le corps des marchands de Poitiers, sollicité sans doute par l'intendant Foucaud, mais agissant aussi sous l'empire des sentiments d'admiration générale dont la personne du roi était l'objet, résolut en 1687 d'élever un monument à la gloire de Louis XIV. Il se composait d'une statue en pierre représentant le roi, habillé à la romaine, debout sur un piédestal dont les angles étaient accompagnés de quatre termes. De pompeuses inscriptions gravées sur marbre se lisaient sur les quatre faces. Le monument, œuvre de Girouard, fut érigé au milieu de la place du Marché-Vieux, qui reçut à cette occasion le nom de place Royale. Son inauguration, le 25 août 1687, donna lieu à des fêtes magnifiques, organisées par l'intendant. Un siècle plus tard, le 16 août 1792, un arrêté de la commune ordonna sa destruction (1).

Foucaud prit part comme intendant aux travaux d'une commission extraordinaire de conseillers d'Etat, envoyée en 1688 pour la réformation de l'administration de la justice dont la faiblesse avait laissé beaucoup de crimes impunis. La commission, qui commença ses séances le 10 décembre, rédigea et publia le 15 janvier 1689 un long règlement destiné à réprimer les abus de toutes sortes et à faire régner une bonne police (2).

La charge de maire perpétuel créée par l'édit de 1692 fut achetée à Poitiers en 1696 par René Varin, puis en 1704 par Paul du Tiers. Après sa suppression, en 1718,

(1) *Notice sur l'érection de la statue de Louis XIV*, par M. Foucart, ap. *Bull. Antiq.* 1848, — *Journal de Denesde*, p. 208.

(2) Thibaudeau, *Hist. du Poitou*, III, 341-342. — *Bull. des Antiq.*, X., 34.

Jean Poignand fut élu maire, suivant les anciennes formes.
La juridiction civile, criminelle et de police du corps de ville,
maintenue par arrêt du Parlement en 1682, reçut une
grave atteinte en 1700 par la réunion au présidial de la
juridiction de police. Quant à la juridiction civile, elle était
déjà tombée en désuétude (1).

Divers travaux d'utilité publique furent exécutés durant
le cours du xviiⁱᵉ siècle. Déjà en 1681, par les soins de
l'intendant de Marillac, les ponts de la ville avaient été
l'objet de réparations importantes, dont les dépenses
s'étaient élevées à 20,000 livres (2). En 1726, sous l'administration de l'intendant Lenain, on créa une promenade
sur une partie des ruines du château de Poitiers, près de la
Boivre, dont le lit fut rectifié. On établit aussi un petit pont,
d'ailleurs insignifiant, reconstruit de nos jours. Un certain
Guillon, entrepreneur des travaux, a donné son nom
à cette promenade, dite du Pont-Guillon (3). De 1732 à 1740,
on fit construire à neuf les chemins de la porte de Paris
et de la porte de la Tranchée, sous la direction des
ingénieurs Ponchon et Bodouin. En 1752, on améliora
la rue de la Latte (4). Les terribles inondations de 1740,
1747 et 1770, qui dégradèrent les ponts et renversèrent
une partie des murs de ville, depuis Saint-Cyprien jusqu'à
Rochereuil, nécessitèrent de nouvelles et coûteuses

(1) Archiv. munic. D. — Liste des maires.
(2) *Journal de Denesde.*
(3) *Contin. de l'hist. du Poitou*, par de Sainte-Hermine. — *Guide du voyageur à Poitiers.*
(4) Archiv. hist. du Poitou, XV, 393, 404.

réparations pour l'acquittement desquelles on doubla, en 1772, les droits qui se levaient pour le don gratuit (1).

Mais la création la plus importante de l'époque, c'est sans contredit celle du parc de Blossac, le plus bel ornement de la ville de Poitiers. Conçue par Paul-Esprit-Marie de la Bourdonnaye, comte de Blossac, nommé en 1751 intendant de la généralité de Poitiers, dont l'administration fut si remarquable, la pensée d'une promenade publique trouva l'occasion favorable de se réaliser dans les prescriptions envoyées par le roi pour la plantation de muriers blancs destinés à l'éducation des vers à soie. M. de Blossac acheta dans ce but, en 1753, le champ des Gilliers, propriété de l'ancienne famille poitevine de ce nom et appartenant alors à Hubert Irland de Beaumont, lieutenant-général criminel. L'ingénieur des ponts et chaussées Bonichon traça le plan de la promenade. Les travaux commencés en 1757 étaient terminés en 1770. Le parc des Gilliers s'étendait sur une longueur de 535 mètres jusqu'au vieux rempart de ville reconstruit seulement plus tard en 1786 avec la nouvelle porte de la Tranchée. La reconnaissance des Poitevins lui donna plus tard le nom de son fondateur (2).

La construction du Pont-Neuf, en 1778, est une autre œuvre non moins utile de l'administration de M. de Blossac. Elle fut exécutée aux frais de la ville par M. Barbier, ingénieur en chef. C'est encore à M. de Blossac

(1) *Archiv. hist. du Poit.* Idem. — Archiv. munic., H, cart. 96.
(2) *Notice sur M. de Blossac*, par Pilotelle, ap. *Mém. des Antiq. de l'Ouest.*

qu'est dû l'établissement des boulevards du Grand-Cerf et de Pont-Achard et d'une magnanerie. L'Académie royale de peinture et architecture, fondée en 1774 sous la direction d'Aujolles-Pagès, élève de Boucher, reçut ses puissants encouragements. Lorsqu'il quitta Poitiers en 1784 il emporta les regrets universels. Son successeur, Boula de Nauteuil, dont l'administration se prolongea jusqu'à la Révolution, mérita la reconnaissance publique par le soin qu'il apporta dans l'approvisionnement des grains, durant la disette de 1786 (1).

Après l'expulsion des jésuites du collège royal ou de Sainte-Marthe, auquel était réuni celui de Puygarreau, la ville et l'Université se disputèrent le droit de nommer le principal et les professeurs. Un arrêt du Parlement les ayant autorisé, le 2 mars 1762, à faire en commun ces nominations, il y fut immédiatement procédé. Des ecclésiastiques séculiers et gradués furent pourvus des différentes chaires du collège, le 1ᵉʳ avril, et la ville prit possession définitive le 2 septembre 1762. Le collège en 1789 avait 400 élèves, dont 40 internes seulement. Les externes y venaient presque tous gratuitement (2).

L'édit de mai 1765, qui changea complètement l'organisation municipale, balaya les derniers restes de la vieille constitution communale de Poitiers. M. Philippe Jouslard d'Iversay fut nommé maire par le roi. Le corps de ville fut

(1) Idem. — *Contin. de l'hist. du Poitou*, par de Sainte-Hermine. — *Mém. des Antiquaires de l'Ouest*, XXXIII, p. 8.

(2) *Essai sur l'Université de Poitiers*, par Pilotelle. — Thibaudeau, *Hist. du Poitou*, III, 176.

composé par élection de quatre échevins, Joseph-Nestor Nicolas, François Joussant, Louis Babinet et Chevalier ; de six conseillers, Olivier de Tardiveau, Vincent Mignot, Hilaire Chartier du Breuil, Olivier Fradin, René Ragot, Alexandre Babinet, et de quatorze notables. Mais l'ancien corps de ville s'étant opposé à l'édit, l'ancien maire, Jacques Stinville, exerça ses fonctions jusqu'à sa mort en 1769, époque à laquelle Jacques Texier de la Baraudière le remplaça, à titre seulement de 1er échevin. En 1773, François-Xavier Pallu du Parc fut nommé maire par commission royale, puis remplacé de la même manière en 1784, par Mathieu Chabiel de Morière, qui demeura en charge jusqu'à la Révolution (1).

Un édit de novembre 1778 céda par voie d'échange au comte d'Artois, frère du roi, le comté de Poitou, à titre d'apanage. L'intendant du prince, M. Elie de Beaumont, étant venu à Poitiers, au mois de décembre suivant, pour en prendre possession, y fut reçu avec toutes sortes de solennités par le maire, M. Pallu du Parc. Tous les corps constitués, religieux et administratifs, prêtèrent serment de fidélité au comte apanagiste en la personne de son représentant. Lorsque le prince passa à Poitiers, le 7 juillet 1782, on lui rendit tous les honneurs dûs à son rang. Mais son attitude peu correcte produisit un fâcheux effet. Son administration ne changea rien d'ailleurs à l'organisation établie (2).

(1) Liste des maires de Poitiers.
(2) *Mém. des Antiq. de l'Ouest*, 2ᵉ série, t. VII. *Discours de* M. Bonvallet sur le dernier comte apanagiste du Poitou. — *Mémoires de A. C. Thibaudeau*, p. 62.

L'édit de 1787, instituant le régime des Assemblées provinciales si libéral et si plein d'espérances, reçut son application en Poitou au mois d'août. L'Assemblée réunie au grand séminaire, à Poitiers, sous la direction de l'intendant Boula de Nanteuil, travailla avec activité aux affaires administratives de la province jusqu'au 12 décembre. Sa commission intermédiaire composée de l'évêque, de l'abbé de la Faire, du comte de Joulard, de M. Perreau de la Franchère et M. de Lamarque, assistée des procureurs syndics de Lézardière et Thibaudeau, demeura chargée de l'exécution de ses décisions (1).

Le mouvement irrésistible qui emportait les esprits vers un changement social décida le roi Louis XVI à la convocation des Etats-Généraux. L'Assemblée préliminaire du Tiers-Etat de la province se réunit le 9 mars 1789 dans la chapelle du collège, sous la présidence de M. Irland de Bazoges, lieutenant-général de la sénéchaussée, pour la rédaction du cahier des doléances et la nomination de députés destinés à représenter l'ordre dans la prochaine réunion des trois Etats de la province. Voici les noms des députés de la ville de Poitiers : Louis Laurendeau, François Choquin, Antoine Barbault de la Mothe, Blaise Segris, Jacques Laurence, Emmanuel Verjus, Hyacinthe Thibaudeau, Pierre Pelisson, Alexis Joyneau-Desloges, Joseph Motet, Charles Bigeu, Jean Sillas, Louis Brault, Claude Bompierre, Jean Barbier, Antoine Courbe. Les 11, 14, 21 et 22 mars, l'Assemblée nomma des commissaires chargés

(1) *Contin. de l'hist. du Poitou*, par de Sainte-Hermine. — Procès-verbaux de l'Assemblée provinciale.

de la rédaction du cahier et désigna 300 électeurs chargés de composer la réunion définitive, à laquelle incombait le droit de nommer les députés. Du 23 au 27 mars, il fut procédé par cette dernière à l'élection des députés du Tiers aux Etats-Généraux dont voici les noms : Bourron d'Abbaye, Thibeaudeau l'aîné, de Bornier, Birotheau des Burondières, Lofficial, Agier, Filleau, Biaille de Germond, Briault, Gallot, Goupilleau, Laurence, Pervinquière. Les députés du clergé étaient : Beaupoil de Saint-Aulaire, évêque de Poitiers, Lecesve, curé de Sainte-Triaize, Jallet, curé de Chérigné, Dillon, curé du vieux Pouzauges, Ballard, curé du Poiré, de Mercy, évêque de Luçon, de Surade, chanoine. Ceux de la noblesse étaient : le comte d'Escars, Irland de Bazoges, le comte Jouslard d'Iversay, le vicomte de la Châtre, le chevalier Deloynes de la Coudraye, le comte de Lambertye, le comte de Villemort. Les cahiers des doléances rédigés séparément par chacun des trois ordres sont remarquables de fermeté et de modération. S'ils réclament avec force l'abolition des abus et des privilèges, ils ne proposent que des réformes sages et réalisables. On y reconnaît cet esprit froid et mesuré, ce jugement sûr et pratique qui forment les qualités maîtresses du caractère Poitevin (1).

Au moment où s'écroule l'ancien régime, en 1790, la ville de Poitiers avait une population de 21,752 habitants, répartis en vingt-quatre paroisses. Dans ce nombre était comprise la garnison composée d'un escadron du régiment

---

(1) *Archives de l'Ouest*, par Ant. Proust. — *Tiers-Etat du Poitou en 1789*, par Beauchet-Filleau.

de cavalerie du roi, de 275 hommes, et du régiment de
Royal-Roussillon, de 900 hommes, dont une partie était
casernée à l'abbaye de Montierneuf, récemment sécularisée.
Les paroisses, dont plusieurs étaient d'ailleurs insignifiantes
et inutiles, ayant été réduites à six, toutes ces nombreuses
églises, tous ces couvents, furent les uns démolis, les autres
en plus grand nombre transformés et appliqués à d'autres
usages (1). Les modifications apportées à l'organisation
civile et administrative ne furent pas moins profondes que
celles de l'organisation ecclésiastique. Conformément aux
décrets de l'Assemblée nationale, l'ancienne intendance fut
remplacée par des administrateurs investis du pouvoir de
régir le département de la Vienne et le district de Poitiers.
Les électeurs, réunis dans la chapelle du collège les 17 juin
1790 et jours suivants, nommèrent l'administration dépar-
tementale composée de trente-six membres parmi lesquels

(1) *Mém. des Antiq. de l'Ouest*, t. VII, 421. Voici les noms des vingt-
quatre anciennes paroisses : Saint-Porchaire, conservée avec le même
titre ; Saint-Didier, détruite ; Notre-Dame-la-Grande, conservée ; Saint-
Etienne, détruite; Notre-Dame-la-Petite, détruite; Saint-Paul, en partie
détruite; Sainte-Opportune, détruite; Saint-Cybard, détruite; Saint-
Germain, transformée en servitude; Montierneuf, conservée; Saint-
Michel, détruite; Saint-Savin, transformée en chapelle à l'usage de la
cathédrale ; Sainte-Radégonde , conservée ; Saint-Hilaire-entre-les-
Eglises, détruite; Sainte-Austrégésile, détruite; Saint-Jean, conservée
comme monument historique mais non comme paroisse; Saint-Simplicien,
détruite; Saint-Saturnin, détruite; la Résurrection, détruite; Saint-
Hilaire-de-la-Celle, en partie conservée comme chapelle des Carmélites;
Notre-Dame-l'Ancienne, détruite; Saint-Pierre-l'Hospitalier, conservée
comme chapelle à l'usage de la paroisse de Saint-Hilaire-le-Grand
Notre-Dame-de-la-Chandelière, détruite ; Sainte-Triaise, détruite.

Louis Érault fut désigné comme procureur-général syndic.
Le 23 juin, ils nommèrent les douze administrateurs du
district de Poitiers et déférèrent les fonctions de procureur
syndic à Hyacinthe Thibaudeau, député à l'Assemblée
nationale (1).

L'ancien corps de ville, à la tête duquel se trouvait
le maire, Chabiel de Morière, disparut au commencement
de l'année 1790 pour faire place à une nouvelle administration composée de douze officiers municipaux et d'un plus
grand nombre de notables. MM. Drouault et Laurendeau
furent nommés, le premier maire; le second procureur
de la commune. Bientôt, le 19 octobre, M. Drouault ayant
été nommé commissaire du roi près le tribunal du district
de Poitiers, qui avait remplacé le Présidial, M. Creuzé lui
succéda en qualité de maire (2).

Désormais s'ouvre une ère nouvelle, l'ère contemporaine
dont l'histoire d'ailleurs plus connue et plus vivante n'entre
pas dans notre plan. Malgré les transformations si radicales
opérées dans les mœurs et l'organisation sociales, la ville
de Poitiers conserva longtemps encore l'aspect extérieur
d'une cité du moyen-âge. C'est seulement à notre époque
et pour ainsi dire sous nos yeux que se sont accomplies les
modifications matérielles qui l'ont sensiblement améliorée.
On ne saurait trop approuver ces utiles travaux qui, tout en
la dotant de rues et de constructions nouvelles, indiquées
dans l'introduction de cet ouvrage, ne l'ont pourtant pas

(1) *Archives de l'Ouest*, par Ant. Proust, *série B, administration*
locales.

(2) *Archives municipales*, cart. 115.

dépouillée, à part la destruction si regrettable de son amphithéâtre romain, de son intérêt historique et de ses curiosités monumentales.

Fontenay-le-Comte. — Imprimerie Auguste Baud.